마음의 감기

# 마음의 감기

아파도 괜찮아, 도망치지 말고 마주봐

루이제 레더만 지음 | 박성원 옮김

율리시즈

하이너 Heiner 에게 이 책을 바칩니다.

# 차례

2장
# 면역력 기르기

3장
# 치료의 열쇠 ──────────

# 4장
# 극복 ————————————

## 독자 여러분에게

힘든 일을 겪은 분들이 다시금 평온한 마음으로 살기를 바라는 마음으로 이 책을 씁니다. 책이 상담치료를 대신할 수는 없겠지만 치료에 얼마간 도움을 줄 수는 있을 것입니다.

의학이라는 학문이 등장한 후 지금까지 연구의 초점은 주로 환자와 병리학, 즉 질병의 원리에 대한 이론에 맞춰오다 최근 들어와서야 매우 오래된 지식, 즉 회복력에 관한 지식을 새롭게 발견해가고 있습니다. 마음의 회복력이란, 견디기 힘든 극단적인 상황에서 왜 어떤 사람들은 다른 이들과 달리 그 상황을 이겨내는지를 설명해주는 마법과 같은 키워드이지요.

한 가지 좋은 소식은 마음의 회복력은 습득할 수 있다는 점, 좀 더 정확히 말하자면 후천적인 연습을 통해 습득할 수 있다는 점입니다. 마음의 저항력을 정확히 들여다보면 용기내기, 인내심 키우기, 적절한 시기에 적절한 일 하기 등과 같이 극히 '보통의' 일들이기 때문입니다. 마음의 회복력이 발현되지 않는 이유는 사람들이 이것을 모르고 무익한 생각과 헛된 사상에 집착하기 때문입니다.

젊은 시절 저는 전문용어로 마음의 회복력이라는 뜻인 레질리엔츠Resilienz('회복력, '튀어서 되돌아오다'라는 뜻의 라틴어 '레질레레 resiliere'와 어원적으로 연관이 있으며 본디 건강했던 상태로 되돌아간다는 뜻 - 옮긴이)라는 개념에 대해 전혀 배운 바 없었으며, 이와 연관된 개념인 살루토게네제Salutogenese(건강의 기원, 안토노브스키가 건강이라는 뜻인 라틴어 살루떼salute와 기원이라는 뜻인 그리스어 게네시스 genesis를 합하여 만든 신조어 - 옮긴이)에 대해서도 몰랐습니다. '살루토게네제'는 인간을 건강하게 만들고 유지시켜주는 환경에 관한 이론입니다. 지금도 제 주변에는 이러한 개념들을 생소하게 여기는 동료 의사들이 많습니다.

그럼에도 불구하고 의사라면 누구나 극심한 질병을 이겨내고 운명적인 시련을 극복한 환자들을 한 번쯤 만나게 됩니다. 극심한 질병과 시련을 이겨내는 데 도움을 주는 환경은 과연 어떤 것일까요? 사람들을 치유하고 회복시키는 데 도움이 되는 요인을 연구하면 이에 관한 지식을 활용해 사람들을 도울 수 있을 것입니다.

이러한 연구를 한 학자 중 원조는 아론 안토노브스키Aaron Antonowsky(유대계 미국인 의료사회학자 - 옮긴이)입니다. 그는 환자를 치료할 때 병과 싸우려 하지 말고 환자의 건강한 부분을 강화하는 데 집중할 것을 촉구했습니다. 안토노브스키와 마찬가지로 제게 많은 영향을 준 치료사 수잔 위드Susun Weed(약초를 이용해 질병을 치유하는 민간요법치료사. 미국 뉴욕 주의 '현명한 여성 센터Wise Woman Center' 대표 - 옮긴이)도 있습니다. 저는 수잔 위드의 저서 《치유법》에서 소중한 깨달음을 많이 얻었답니다. 위드의 이론은 현명한 여성들의 유구한 전통을 바탕으로 하지요. 현명한 여성들의 지식은 구전되었기 때문에 상당 부분이 잊혔지만, 그럼에도 불구하고 현재까지 전해 내려온 지식만으로도 삶에 활기를 다시 불러일으키기에 충분합니다. 위드는, 사람들은 모든 경험을 자신의 '영양분'으로 바꿀 수 있으므로 심지어 고통까지도 삶의 영양분으로 활용하라고 제안하고 있습니다. 이런 점에서 보면 그녀가 안토노브스키보다 한 걸음 더 나아갔다고도 할수 있겠습니다. 이 책은 그녀의 이러한 제안을 반복적으로 다루려 합니다. 제가 특히 감명받은 부분은, 사람들은 본래 완전한존재로서 온전한 기쁨과 영감을 누리는 순간 자신의 완전함과접할 수 있다는 생각입니다. 이러한 관점 또한 이 책 여러 곳에반영돼 있습니다.

지난 수년간 환자들과 함께 경험하고 배운 것을 이 책 속에담았습니다. 그 누구보다 그분들께 감사드립니다. 그들은 자신의 지식과 질문, 의혹과 경험을 전해주었으며, 제 제안들을 기꺼이 시험해봄으로써 자신뿐만 아니라 저 역시도 새로운 경험을 할 수 있었습니다. 이러한 경험들을 책에 담아 당신에게 전하는 것 또한 모두 그들이 있었기에 가능했지요. 이 책을 쓰는 이유는 그들 모두에게 감사의 마음을 전하고 그들이 걷는 길을 함께하기 위해서입니다.

저는 이 책을 읽는 독자들께 자신만의 길을 찾을 수 있도록 용기를 불어넣어드리고 싶습니다.

당신이란 사람은 이 세상에 단 하나뿐인 유일한 존재입니다. 모든 사람에게 늘 똑같이 적용되는 방법이나 규칙은 존재하지 않습니다. 그럼에도 불구하고 우리는 타인의 경험과 특정 분야의 연구 결과에서 무언가를 배울 수 있으며, 타인을 보고 무언가를 깨달을 수도 있습니다.

마음의 회복력을 강화시키기 위해 무엇이 필요한지 살펴보십시오. 책은 각자 원하는 방식대로 읽어도 무방합니다. 처음부터 끝까지 순서대로 읽어도 좋고, 소제목을 보고 읽고 싶은 부분부터 먼저 읽어도 좋습니다. 혹은 아무 페이지나 열어서 적용할 만한 내용이 있는지 찾아봐도 좋아요.

중요한 것은 책에 나온 다양한 연습법 중 몇 가지만이라도 직접 실천해보는 것입니다. 실천하도록 제안하고 싶은 내용은 '잠시 멈추고 돌아보기'로 따로 소개했습니다. '잠시 멈추고 돌아보기'의 내용은 대부분 무언가를 정확히 인식하고 정확히 바라보라는 것입니다. 이를 위해서는 잠시 가던 길을 멈출 필요가 있습니다.

이 책에서 제안하는 모든 것을 실천해보려면 얼마간의 시간이 걸릴 것입니다. 그러므로 인내심을 발휘해 이 순간 마음이 가는 것을 선택하여 실천해보세요.

긍정심리학을 연구한 마틴 셀리그만Martin Seligman처럼 저도 이렇게 권하고 싶습니다. 수월해 보이는 일에 우선적으로 집중하십시오. 그리고 약점에 대해서는 신경 쓰지 마세요. 그러면 아마도 약점은 저절로 약화될 것입니다. 수천 년 전에 기록된 지혜의 책《역경易經》에도 이와 유사한 구절이 나옵니다. 어떻게 하면 '악惡'을 극복할 수 있을까요? '선善'을 꾸준히 행함으로써 '악'을 극복할 수 있습니다(당신의 경우엔 무엇이 '악'이고, 무엇이 '선'인지 생각해보십시오).

제가 수년간 환자들을 치료하면서 경험한 것과 사람들을 건강하고 강하게 만들어주는 것을 연구한 긍정심리학은 서로 일맥상통하는 부분이 있습니다.

이 책은 크게 세 장으로 나뉘어 있습니다. 첫 번째 장은 '현재를 소중하게 받아들이기'를 다룰 것이며, 두 번째 장은 내면의 힘을 기르고 강화시키기 위한 기본 방법을 이야기합니다. 세 번째 장은 제 환자들이 특별히 중요하다고 여겼던 몇 가지 주제를 설명할 것입니다. 여기에는 마음의 회복력, 몰입, 건강의 기원에 관한 기본 이론이 포함됩니다.

아마도 오늘날 우리에게 도움을 줄 수 있는 모든 것은 우리보다 먼저 누군가가 이미 생각하고 말하고 기록하고 행했던 것일 수 있습니다. 저는 저보다 앞선 많은 사람들이 저와 비슷한 의문을 품고 비슷한 어려움을 호소하다가 마침내 질문에 대한 대답을 찾았다는 사실을 떠올리며 위로를 받습니다. 그런 이유로 제가 감동한 글도 일부 이 책에 실었습니다. 어쩌면 당신도 저처럼 감동받을 수도 있을 테니까요.

이미 지금까지 매우 많은 것을 이야기했으므로 책의 마지막 부분에는 좀 더 심화된 내용과 여러 상황에 대한 제안을 담아 두었습니다.

인생은 책으로 배우는 것이 아니라 살아가는 과정으로 배우는 것임을 잊지 마세요. 당신은 어떤 방식으로건 인생을 삽니다. 만약 좀 더 의식적으로, 좀 더 수월하게 살고자 하는 마음이 있다면, 이 책에서 자극이 될 만한 몇몇 구절을 발견할 수 있을 것입니다.

여러분 인생의 모든 부분이 순조롭고 평안하기를!

## Chapter 1

# 현재를
# 수용하기

## 나는 바닥까지 추락한 것 아닐까

어쩌면 당신이 이 책을 집어 든 이유는 '바닥까지 추락했다'는 절망감에서, 혹은 이미 그러한 경험을 했기 때문일 것입니다.

이 책에서 제가 하려는 이야기는 이미 당신도 잘 알고 있는 것일 수도 있고, 당신을 몹시 놀라게 하거나 심지어 충격에 빠뜨릴 만큼 낯선 것일지도 모릅니다. 따라서 제 이야기를 받아들여도 좋고 당당히 거부해도 되는 제안쯤으로 여겨주시길 바랍니다. 지금 이 순간 당신에게 무엇이 올바르며 어떤 것이 도움이 되는지는 당신만이 알 수 있기 때문이지요. 사람들은 저마다 지극히 다르기 때문에 모든 사람에게 적용되는 올바른 길이란 존재하지 않습니다. 저의 지식과 경험 또한 제한적입니다. 그렇기 때문에 당신의 경험이 제 지식과 경험의 범주를 벗어나 있다면 저의 이야기는 당신에게 전혀 와 닿지 않을 수도 있습니다. 이 장에서는 사물의 양면을 이야기할 것인데, 이 책의 다른 부분에서도 이와 같은 시각을 계속 유지할 것입니다. 이 경우 어쩌면 당신은 '도대체 지금 무엇이 올바르다는 말이야?'라는 의문을 품을 수도 있습니다. 하지만 이런 질문에 대해 저라면 아마도 '둘 모두 올바르다'고 대답할 것입니다.

우리 주변에서 일어나는 일들은 상대성과 양면성을 지니고 있습니다. 상반돼 보이는 양면이 실상은 하나라는 사실을 깨달을 때 우리는 이분법적 사고와 극단적인 사고에서 벗어날 수 있지만, 사건의 양면 중 한 면을 의식 밖으로 억지로 몰아내면 이러한 사고에서 벗어날 수가 없습니다.

이와 관련하여 제가 무척 좋아하는 이야기가 있습니다.

결혼 생활에 문제가 있는 부부가 랍비를 찾아왔습니다. 남편이 불평을 늘어놓자 "랍비는 당신 말이 옳습니다"라며 맞장구를 쳐주었지요. 그리고 남편에 이어 부인이 불평을 늘어놓을 때도 랍비는 "당신 말이 옳군요"라며 부인 편을 들었습니다. 그러자 두 사람이 "랍비여, 제정신이 아니군요"라며 항의했습니다. 그러자 랍비는 두 사람에게 이렇게 말했습니다. "당신들 말이 옳습니다."

즉 새로운 인식을 얻기 위해 사물의 위치를 조금 바꾸어 다른 관점에서 바라보려면 얼마간 제정신이 아닐 필요가 있습니다.

위의 두 사람 모두 제각기 옳지만 각자 자신의 괴로움에만 집중하고 있기 때문에 다른 사람의 괴로움을 보지 못하며, 바로 이 때문에 둘 사이의 문제는 해결하기 어려워진 것입니다.

우리 내면의 상황을 이와 비교할 수 있겠습니다. 우리는 자기 내면에 존재하는 다른 면을 이해하지 못합니다. 내면에 존재하는 건강한 부분은 내면의 병약한 부분과 그 잠재력을 외면하려 할 때가 많으며, 병약한 부분 또한 건강한 부분의 여러 가지 가능성을 외면하려 할 때가 많습니다. 그래서 우리가 이 두 부분 모두 옳다는 것을 인정할 수 있게 되면, 새로운 가능성이 열리는 것입니다.

비난하지 마라!

바닥까지 추락했다는 기분이 들 때 가장 조심해야 할 일은 자신을 비난하지 않는 것이다. 왜 이런 상황이 발생했는지 이해할 수 없다든가, 다른 사람이 당신에게 '이런저런 일을 했더라면(혹은 하지 않았더라면) 상황이 완전히 달라졌을 텐데'라고 말하더라도 자신을 비난하지 마라!

자신을 비난하지 말아야 하는 이유에 대해서는 뒤에서 이야기하겠지만, 비난한다 해서 상황이 나아지는 경우는 거의 없습니다.

지금까지 살아오면서 자신을 비난했더니 상황이 나아진 경험을 단 한 번이라도 해본 적이 있습니까?

다음을 구별하는 것이 도움이 될 거예요. 자신을 비난하는 것과 자신에게서 무언가를 바꾸고자 하는 것은 결코 같은 일이 아닙니다. 많은 사람은 당장 비난하거나 거부하지 않으면 아무것도 변하지 않을 거라고 생각하는데 이것은 착각입니다. 비난은 변화를 일으키지 않으며, 슬픔과 괴로움을 낳을 뿐입니다.

지금 두렵거나 우울하다고 해서 자신을 비난한다면 이는 문제를 더욱 악화시킬 뿐이지요.

왜 그럴까요?

당신의 내면에 존재하는 한 부분이 원인 모를 이유로 우울해하거나 두려움에 떨고 있는데, 당신은 건강을 원한다고 상상해 볼까요. 분명 이 두 부분은 이렇게 싸울 겁니다. 한 부분은 나는 아파, 나는 아파, 나는 아파라고 말하고, 다른 부분은 나는 건강해질 거야, 나는 건강해질 거야, 나는 건강해질 거야라고 말합니다. 상황이 이렇다면 이 두 부분이 서로를 이해할 수 있을까요? 아마도 서로 절대 이해하지 못할 것입니다. 그렇다면 어떤 해법이 있을까요? 바로 두 부분이 함께 이야기를 나누는 것입니다. 예를 들어 아프다고 느끼는 부분은 무엇 때문에 아프고 걱정되며 두려운지 말할 기회가 있어야 합니다. 그리고 건강을 원하는 다른 부분 또한 마찬가지로 자신의 의견을 이야기할 수 있어야 합니다.

만약 이 두 부분이 서로 비난하기만 한다면 상대방을 조금이라도 알아갈 수 있겠는지요? 이들이 서로에 대해 조금이라도 알고 배워가지 않으면, 둘 사이의 틈은 점점 커지고 이것 때문에 두 부분의 괴로움 또한 커져갈 것입니다.

누군가와 사이좋게 지내려면 상대방을 거부하고 비난하는 것은 아무 도움이 되지 않습니다. 이는 내면적 삶에서도 마찬가지입니다. 저명한 정신분석가 아르노 그루엔Arno Gruen은 내면에 존재하는 낯선 부분을 받아들이는 것이 얼마나 어려운 일인지에 관해 쓰고 있습니다. 내면에 존재하는 병약한 부분은 대부분 우리에게 낯선 부분이기도 합니다. 우리는 이 낯선 부분에 대해 아는 바가 없으며 알려고 하지도 않습니다. 우리는 항상 자기 몸을 젊고 건강하며 활기차게 유지해야 한다고 배워왔습니다. 병들고 약한 부분도 존재할 권리가 있다는 것을 알려주는 본보기가 우리 사회에 있습니까? 이같이 병들고 약한 이들은 예로부터 지금까지 사회에서 성가신 존재로 취급당하거나, 심지어 상황에 따라서는 완전히 배척당한 적도 있지 않았던가요?

독일의 경우 2세대 전만 해도 병든 이와 약한 이들이 공공연하게 죽임을 당한 바 있습니다. 병자와 약자에 대한 이러한 편견은 집단적 기억 속에 여전히 남아 있습니다. 이는 우리가 어두운 역사를 아직 충분히 되돌아보지 못했기 때문이기도 하지요. 진료 중에 자기 약점을 심하게 비난하는 환자들의 가정사를 거슬러 올라가보면 이들의 지난 삶에 중환자나 장애인과 관련된 트라우마가 있었음을 종종 발견하곤 합니다.

인지하건 인지하지 못하건, 우리 모두에게는 이러한 사건과 이러한 편견, 그리고 이와 결부된 두려움이 '뼈 속 깊이' 스며들어 있습니다.

불과 얼마 전까지만 해도 독일에서는 '정신을 바짝 차리는 것' 혹은 '강철과 같은 강인함'을 나이를 막론하고 남성이 갖추어야 할 덕목으로 여겼습니다(정신을 바짝 차린다는 말은 지금도 여전히 사용하지만 더 이상 이상적인 덕목으로 여기지는 않습니다).

만약 지금 아무리 애를 써 봐도 비난을 멈추기 힘들다면, 비난하되 자신이 비난이라는 행위를 한다는 것을 의식하면서 하십시오! 그리고 자신을 비난할 때에 자신에게 어떤 현상이 일어나는지 살펴보고, 시험 삼아 비난을 멈출 때에는 무슨 일이 일어나는지 정확히 관찰해보세요. 이렇게 두 경우를 비교하며 관찰하고 나서 앞으로도 계속 자신을 비난할지 말지 스스로 결정하십시오.

판단 능력은 매우 중요한 것으로서 우리가 무언가를 분간할 수 있도록 도와줍니다. 이러한 점에서 비난은 판단 능력의 극단적인 형태입니다.

우리가 판단 능력은 긍정적으로 인식하는 반면 비난은 불편한 것으로 인식하는 이유는, 판단 능력은 대상에 선의를 품고 상황을 좀 더 명확히 분간하기 위한 행동인 반면 비난은 두려움 때문에 하는 행동이기 때문입니다.

그러나 두려움 때문에 하는 행동 자체가 나쁜 것은 아닙니다! 하지만 두려움에서 비롯된 행동은 대부분 결과가 좋지 않습니다. 그렇다면 여기서 말하는 '두려움 때문에 하는 행동'이란 어떤 것일까요?

사람들에게는 저마다 스스로 의식조차 못할 정도로 뿌리 깊은 두려움이 있습니다. 예를 들어 타인에게 사랑받지 못할 수도 있다는 두려움, 중요한 사람들의 사랑을 잃어버릴 수 있다는 두려움, 부상을 당하거나 더 심하게는 죽을 수도 있다는 두려움 등 우리 내면에는 뿌리 깊은 두려움이 도사리고 있답니다. 삶에서 무언가 혹은 누군가가 내면에 있는 이러한 두려움을 건드릴 때 우리는 흔히 무의식적으로 방어 조치를 취하지요. 그중 핵심적인 방어 조치는 어떤 유형으로든 자신을 위협하고 있는 대상 자체를 경시하고 비난하는 것입니다.

타인에게 약한 모습을 보이면 더 이상 사랑받지 못할 거라는 두려움이 내면 깊숙이 존재한다고 상상해보십시오. 마음속에 이러한 두려움이 있다면 당신은 아마도 약한 모습을 숨기는 것에 그치지 않고, 약함 자체를 거부하고 비난하게 될 것입니다. 이러한 원리를 이해하면 약한 것을 거부하고 비난하는 것이 사실은 사랑받기 위한 노력이라는 것도 깨닫게 됩니다. 즉, 비난이라는 행위를 정확히 들여다보면 그 배후에는 자신을 보호하려는 '선한' 의도가 숨어 있다는 말이지요.

내면에서 상충하는 두 부분이 서로 좀 더 많은 이야기를 나누도록 이끌다 보면 당신은 결국 두 부분의 의견이 모두 옳을 수 있다는 것을 깨달을 것이며, 이로 인해 자신을 좀 더 잘 이해하게 될 것입니다. 이 시점에 다다르면 무언가를 변화시키기도 훨씬 쉬워집니다.

예를 들어 이 시점에서 당신은 자신을 비난하는 내면의 또 다른 나에게 이렇게 말할 수 있습니다. 네가 나를 보호하고 싶어 한다는 건 잘 알고 있어, 넌 내가 약한 모습을 보이면 무언가 나쁜 일이 일어날 거라고 생각하는 거잖아, 하지만 걱정 마, 너랑 내가 사랑을 받지 못하더라도 세상이 무너지지는 않아, 우리가 서로를 보호해주면 돼.

## 마음껏 슬퍼해도 좋아

우리 문화권에서는 슬퍼하는 것을 자제하는 경향이 있습니다. 세상에는 이처럼 슬픔을 표출해도 되는지 주저하는 사람이 있는 반면, 마음껏 슬퍼하고 탄식하는 사람들 또한 많습니다. 이들이 마음속의 슬픔을 밖으로 드러내는 것은 문화권이 달라서가 아니라 견딜 수 없을 만큼 슬퍼서입니다.

이 세상 어딘가에 '통곡의 벽'처럼 당신의 마음을 억누르고 힘들게 하며 부담을 주는 것을 털어놓을 곳이 있다고 상상해보세요. 그곳에서 슬픔을 모두 쏟아놓는다면 어떤 기분이 들 것 같습니까? 마음이 편안해질까요? 만일 그렇다면 이 책의 305쪽에 언급돼 있는 '통곡의 벽'에 관한 연습 부분을 읽고 실천해보시죠.

마음껏 슬퍼하고 탄식하고 나면 머리가 다시 맑아질 것입니다. 반면 슬픔을 줄곧 억누르기만 하면 당신의 슬픔은 다른 경로를 통해 그 모습을 드러낼 수밖에 없습니다.

주변 사람들을 의식하느라 마음속 슬픔을 표현하고 소리 내어 말하기를 자제하는 것은 바람직하지 않습니다. 또한 마음껏 슬퍼할 수 있는 공간에서 별도의 시간을 내어 슬퍼한다는 것이 아침부터 저녁까지 슬퍼함을 의미하지는 않습니다.

하루 중 얼마의 시간을 슬퍼하는 데에 사용할 것인지 생각해보는 것도 도움이 됩니다. 아무도 없는 곳에서 혼자 슬퍼하는 것이 바람직하다고 생각된다면 숲속이나 홀로 있을 수 있는 장소를 찾아가는 것도 좋겠지요.

제 경우 마음속의 슬픔을 누군가에게 털어놓고 싶을 때면 기도를 합니다. 큰 소리로 기도하면서 이제 충분하다는 생각이 들 때까지 탄식하고 하소연하는 것입니다. 이렇게 기도하면서 슬픔을 표출하는 데 어떤 때는 채 1분도 걸리지 않지만, 어떤 때에는 30분이 걸리기도 합니다.

충분하다 싶을 정도로 하소연하고 나면 마음속이 시원해지면서, 대부분의 경우 한편으로는 이처럼 슬퍼할 이유도 있지만 다른 한편으로는 감사하고 기뻐할 이유도 있음을 깨닫게 됩니다. 마음껏 슬퍼할 수 있는 자유를 스스로에게 허용하지 않는다면, 이렇게 감사하고 기뻐할 이유 또한 깨달을 수 없을 것입니다.

## ⮌ 잠시 멈추고 돌아보기

슬픈 일이 있을 때 자신이 어떻게 대처하는지를 살펴봅니다.

당신은 매번 마음속 슬픔을 드러내는지요? 아니면 '이를 악물고 참는' 편인가요? 그도 아니면 아침부터 저녁까지 한숨을 내쉬며 슬퍼하는 바람에 또 항상 죄책감을 느끼며 사나요? 만약 그렇다면 아무리 슬픔을 표출해도 마음은 가벼워지지 않을 겁니다. 무엇이든 죄책감이 배 있다면 가벼워지거나 편안해질 수 없어요. 산뜻하게 비어 있어야 할 마음속 자리를 죄책감이 채우기 때문이지요.

원한다면 마음속 탄식을 실컷 표현한 다음 모든 탄식을 소망으로 바꿀 수도 있을 것입니다. 이를 한 번 실천해보면 어떨까요?

## 질병과 고통 또한 삶의 자양분

이 제목에 어쩌면 의구심이 들지 모르겠습니다. 도대체 질병이
무슨 '자양분을 준다'는 말인가?!

질병이 영양분을 준다는 말을 처음 분명히 해준 사람은 이미
서문에서 언급한 바 있는 수잔 위드였습니다. 수잔 위드는 치유
능력을 지닌 현명한 여성은 '왜 이런저런 것들이 나를 괴롭히
는 거야?'같이 해답 없는 질문을 하기보다는 이러저러 것들은
'내게 어떤 영양분을 주고 나를 어떻게 성장시킬까?'라는 질문
을 한다고 주장합니다.

**⤴ 잠시 멈추고 돌아보기**

한 번쯤 이런 질문을 해보는 건 어떨까요.

내가 병에 걸리면, 평상시라면 가능하지 않았던 어떤 것을 얻을

수 있을까? 평소 지나친 부담을 주던 일과 사람들에게서 벗어나 어느 정도 거리를 유지하게 될까? 혹은 연락이 뜸하던 사람들이 나를 찾아오거나 전화하거나 안부를 전해올까? 혹은 내가 지금까지 온갖 일들을 얼마나 잘 수행해왔는지를 깨달은 사람들이 내 부재를 아쉬워하게 될까? 아니면 병에 걸렸다는 이유로 나는 타인에게 거부당하게 될까?

이처럼 병에 걸렸다는 이유로 갑자기 사람들에게 거부당하는 상황을 '영양분'이라고 생각하기란 좀처럼 납득하기 힘들 수도 있습니다. 하지만 만약 '병이 들었다는 이유만으로 주위사람들에게 거부당하거나 이해받지 못하는 경험으로 내 인간관계는 좀 더 확실해질 수 있을까?'라고 질문해본다면, 그 상황이 분명 입에는 몹시 쓰겠지만 꼭 필요한 영양분이라는 사실을 깨닫게 될 것입니다. 이처럼 질병은 우리에게 필요한 영양분을 주고 성장하는 데 도움을 줄 수 있는 유용한 측면도 있답니다.

지금 '바닥까지 추락해 있는 내 상황'이 어떤 방식으로든 영양분이 되고 스스로를 성장시킨다는 것을 인정한다면, 이제 당신은 앞으로도 계속 지금의 상태를 유지할 것인지, 아니면 이러한 자양분을 다른 방식으로 공급받을 것인지를 결정해야 합니다(비유로 이야기하자면 맥도널드에 가든, 고급 식당에 가든, 집에서 직접 요리를 하든, 영양을 섭취하는 것은 마찬가지지만 당신은 이중 가장 마음에 드는 한 가지를 선택할 수 있다는 얘깁니다).

# 이 고통과 슬픔을 견딜 수 있을까

고통과 슬픔은 객관적인 수치로 측정할 수 없습니다. 따라서 자기 고통을 다른 사람과 비교하는 것은 아무 의미가 없어요. 또한 누군가가 괴로워할 때 옆에서 '그 정도는 아무것도 아니야'라고 말하는 사람 때문에 듣는 이가 마음의 상처를 입을 때도 많습니다. 옆 사람은 지금 당사자가 겪는 고통이 얼마나 큰지 전혀 모릅니다.

인디언 격언 중에 '그 사람의 신발을 신고 오랫동안 걸어보기 전까지는 그를 판단하지 마라'라는 말이 있습니다. 이처럼 아무리 공감 능력이 뛰어나다 해도 타인의 상황이 어떤지 완전히 이해할 수는 없으며, 따라서 우리는 타인의 고통 또한 완전히 이해할 수 없습니다. 이는 고통이 가진 특성 중 하나이기도 합니다.

고통의 또 다른 특성도 있습니다. 사람들은 고통을 신성하게 여기는 데 익숙해져서 고통을 당연하고 정상적인 것으로 여기며 그 이외의 상황에 대해서는 생각해보지 않는 경향이 있습니다. 특히 극심한 고통에 매몰돼 있을 때에는 고통이 삶의 전부가 아니라 일부에 불과하다는 사실을 잊어버립니다. 따라서 때로는 다른 사람들이 나보다 훨씬 어려운 일을 겪고 있다는 사실을 자신에게 일깨워주는 것이 도움이 되기도 합니다. 이처럼 다른 사람들의 고통을 상기할 때, 인간은 비로소 자신이 얼마나 많은 것을 누리고 있는지를 깨닫습니다.

**↪ 잠시 멈추고 돌아보기**

현재 내 상태는 어떠한지 살펴볼까요. 타인의 고통을 완전히 이해하기 힘들다는 사실을 인정해야 하는 단계입니까? 혹은 지금 겪고 있는 고통이 삶의 전부가 아니라는 사실을 스스로 납득시켜야 할 단계인가요?

지금 내가 어디에 속해 있는지는 오직 자신만이 알 수 있습니다. 둘 중 어느 것이 필요할지 확실치 않을 때에는 두 가지 길을 모두 조금씩 걸어가보는 것도 바람직합니다.

# 다른 시각으로 바라본다는 것

이쯤에서 소개하고 싶은 글이 있는데, 이 글은 누군가에게서 이메일로 받은 것으로 출처는 알려져 있지 않습니다. 이처럼 이사람 저 사람 거치다 보면 나중에는 아무도 출처를 모르는 글이 종종 있답니다.

이 글은 기존 시각에서 벗어나 다른 시각으로 무언가를 바라보면 얼마나 큰 변화가 발생하는지를 재치 있게 잘 보여줍니다. 이 가상의 편지 속에 등장하는 나이 지긋한 여성은 어찌 보면 정상적이지 않은 시각으로 상황을 보고 있다고 할 수 있는데, 이런 글을 책에 싣는 저 또한 여러 사람에게서 정상이 아니라는 소리를 들을지도 모르겠습니다.

사랑하는 팀<sup>Tim</sup>에게

어제는 예배를 드리러 가서 무척 멋진 설교를 들었단다. 예배가 끝나고 난 다음 '예수님을 사랑한다면 클랙슨을 울려주세요'라는 글이 쓰인 스티커를 발견하고는 당장 내 차의 범퍼에 붙였어. 스티커를 붙인 채 차를 몰고 가다가 신호대기를 하게 되었단다. 그런데 설교 말씀을 생각하느라고 신호등이 초록색으로 바뀐 것을 알아채지 못했어. 그랬더니 뒤에 있던 차들이 한꺼번에 클랙슨을 울리지 않겠니! 그 요란한 소리를 듣고 얼마나 기뻐했는지 넌 상상도 하지 못할 거야. 그렇게 많은 사람들이 예수님을 사랑한다는 뜻이잖아! 나는 너무나도 기뻐서 신나게 클랙슨을 눌러 그들에게 화답해주었단다. 그랬더니 운전자 중 한 사람이 나를 향해 가운뎃손가락을 치켜들더구나. 차에 타고 있던 손자 녀석에게 도대체 저게 무슨 뜻이냐고 물었더니 하와이에서 남을 축복하고 싶을 때 하는 손짓이라고 알려주더구나. 팀, 그렇게 멋진 스티커를 발견한 것도 기쁜데 축복의 인사법까지 알게 되다니, 나는 정말로 날아갈 것같이 기뻤어. 그래서 나도 그 남자에게 똑같이 친절하게 인사하고 난 다음 가던 길을 계속 갔어. 내 뒤에 서 있던 많은 차들 중에서 단 한 대만 교차로를 건널 수 있었지. 왜냐하면 예수님을 사랑하는 그 친절한 사람들과 조금이라도 더 함께 있고 싶어서 내가 아주 천천히 신호등을 건너갔거든.


지금까지와는 완전히 다른 시각으로 사물을 바라본다고 상상해보세요. 평소와 다른 불빛 아래에서 바라보는 겁니다. 이 경우 당신은 다른 의미를 부여하게 될 것입니다(예를 들어 다른 차들의 짜증 담긴 클랙슨 소리는 사랑이 넘치는 메시지가 될 것이고, 욕설인 가운뎃손가락은 하와이식 축복의 인사법이 될 겁니다).

이처럼 기존과 다른 시각으로 사물을 바라볼 경우, 고통에 대한 당신의 생각은 어떻게 변할까요? 이와 관련하여 많은 이들은 성장을 위해서는 반드시 고통이 필요하며 이런 힘든 경험이 자신이 발전하는 중요한 계기였다고 말하고 있습니다. 예를 들어 운명적인 시련을 겪고 나서 새로운 사람으로 거듭 났으며, 따라서 그것은 자신에게 꼭 필요한 시련이었다는 거죠.

따라서 지금까지와는 다른 시각으로 사물을 바라본다면 당신의 두려움과 궁핍과 걱정은 지금까지와는 다른 의미를 지니게 될 것이며, 삶에서 많은 것이 달라질 수 있습니다. 하지만 그렇다고 해서 고통이 우리를 성장하게 해주는 가장 큰 기회라고 말할 수는 없겠지요. 또한 이러한 추론은 적절하지도 않습니다.

자기 고통을 한 번쯤 다른 시각에서 바라보는 것이 도움이 될지 생각해보세요. 만약 그렇다면 이를 실천해 내 고통에 관한 새로운 관점을 찾아보는 겁니다.

예를 들어 나는 지금 화성인이며, 지구상의 인간에게 주어진 모든 가능성을 알아보고 체험하러 온 거라고 상상해볼 수 있습니다. 그렇다면 지금 겪고 있는 이런저런 고통스러운 경험도 화성인인 당신이 직접 체험하려는 연구대상 중 하나겠지요. 다시 말해 당신은 자기 몸을 연구대상으로 삼아 고통이라는 것을 연구해야 하는, 화성에서 온 과학자인 셈입니다. 이런 관점으로 바라본다면 지금까지 고통에 대해 생각했던 것과 차이가 있을까요? 좀 더 마음이 편안해지는 것 같습니까? 그렇다면 앞으로도 살면서 힘든 일을 만날 때 가끔씩 이런 관점을 취해보는 건 어떨지요.

## 상대적으로 달리 체감되는 시간

불행할 때에는 시간이 한없이 느리게 지나간다고 느낍니다. 이 괴로운 시간이 지나고 다시 행복이 돌아오리라는 생각은 조금도 들지 않지요. 즉 우리는 시간 혹은 시간이라는 현상을 각 상황에 따라 특정한 양상으로 체감합니다.

저마다 다른 상황에서 시간을 체감할 때 나타나는 이러한 특정한 양상은 불변의 진리가 아니며, 그 당시 우리 감정과 연관돼 있는 특정한 형태에 불과합니다.

현재 당신이 체감하는 시간이 상대적이라는 사실을 깨닫게 되면 어떤 일이 일어날까요? 지금 완행열차를 타고 있는데 곧 고속열차로 갈아탄다고 상상해보면 어떤 기분이 들까요? 이처럼 다른 속도의 열차를 타고 사물을 체험할 때는 어떤 차이가 있을까요?

에릭-엠마누엘 슈미트<sup>Eric-Emmanuel Schmitt</sup>의 작품《오스카와 장미할머니》는 심각한 병을 앓고 있는 소년에 관한 이야기입니다. 살날이 얼마 남지 않은 오스카는 자신에게 주어진 하루가 보통 사람들의 10년에 해당한다고 상상합니다. 그리하여 오스카는 며칠 만에 아주 많은 것을 체험하고 난 후 자신의 시간계산법에 따라 90살이 되어 평온하게 세상을 떠나죠(덧붙여 말하자면 오스카는 항상 자신이 믿는 하나님과 이야기를 나눕니다. 오스카 또한 자신이 심각한 병에 걸렸다는 것을 처음 알게 되었을 때에는 하나님을 원망하고 하소연합니다).

한 번쯤 위 이야기와는 반대로 상상해보세요. 즉 세월이 '순식간에' 지나간다고 상상합니다. 한 주가 하루처럼 지나간다고 상상해보세요! 이것이 의미 있는 일 같으면 이를 실천하고 이러한 경험을 평가해보는 것도 유용합니다.

# 수용하는 마음을 키워보기

지금 당신 마음을 무겁게 하는 것이 무엇이든 간에 그것과 맞서 싸우기를 멈추고 그를 수용하기 위해 노력하십시오. 그것은 신의 뜻이야, 지금은 이해할 수 없지만 분명 숨은 의미가 있을 거야, 혹은 내가 변화시킬 수 없는 일이야, 이렇게 말함으로써 이를 받아들이도록 노력해보세요.

사람들이 세상사를 이해한다 하더라도 그 일들은 지금 상태 그대로 존재하며, 또한 이해하지 못한다 해도 그 일들은 지금 상태 그대로 존재한다.

이는 도교에서 전해오는 지혜입니다. 마음을 억누르는 짐을 이와 같은 마음가짐으로 대하면 어떤 일이 일어날까요? 무언가 변하는 것이 있을까요?

이 방법이 바람직하다고 생각된다면, 때로는 '나쁜 것' 속에 무언가 '좋은 것'이 숨어 있을 수도 있으며 언젠가는 당신이 그 숨은 뜻을 깨달을 것이라고 생각하십시오.

## ⮌ 잠시 멈추고 돌아보기

잠깐 동안 무언가에 맞서 싸우기를 멈추면 어떤 일이 벌어질까요? 내 삶에 이미 분명히 존재하는 무언가를 있는 그대로 인정하면? 그것의 존재를 시인하고 받아들이면 어떻게 될까요?

예를 들어 왜 지금 두려운 마음이 드는지 이해할 수 없지만 나는 지금 이 두려움을 인정하겠다고 스스로 말해보는 것입니다. 그럼 어떤 변화가 일어날까요?

## 축복의 말을 찾아서

우리 안에 존재하는 선한 것을 가리키는 말. 우리가 지닌 가능성을 일깨워주는 말. 우리로 하여금 두려움과 곤경, 고난에서 벗어나게 해주는 말. 우리를 병들게 만드는 생각과 조직에서 해방시켜주는 말. 우리를 보호해주는 말. 우리를 위로해주는 말. 용기를 북돋워주는 말. 선한 의도를 갖고 있는 말. 우리를 치유하는 말. 아르민 부셔Armin Beuscher는 축복의 말을 이렇게 정의합니다.

지구상의 여러 문화권에는 여러 형태의 축복 의식이 있는데, 그중에는 이 세상의 모든 만물을 축복하는 의식도 있습니다.

당신도 한 번쯤 자신의 질병과 걱정, 짐을 축복해보는 건 어떨까요?

예를 들어 이렇게 축복해보는 거예요.

오늘 나는 이 세상의 모든 것을 축복하려 한다.

나와 가까운 곳에 있는 모든 것을 축복한다.

나와 멀리 떨어져 있는 모든 것을 축복한다.

내 친구들을 축복한다.

나의 아픔을 축복한다.

나의 팔다리, 그리고 이것이 가져다주는 온갖 기쁨과 슬픔을 축복한다.

나의 눈(혹은 귀 또는……), 그리고 이것이 가져다주는 온갖 기쁨과 슬픔을 축복한다.

나의 생각, 그리고 생각 때문에 내가 경험하는 온갖 기쁨과 슬픔을 축복한다.

나의 감정, 그리고 감정 때문에 내가 경험하는 온갖 기쁨과 슬픔을 축복한다.

나의 아침을 축복하고

나의 점심을 축복하며

나의 저녁을 축복하고

나의 밤을 축복하며

나의 잠 못 이루는 밤을 축복한다.

나의 인내심을 축복하고

나의 조바심을 축복한다.

나의 용기를 축복하고

나의 두려움을 축복한다.

나의 유쾌함을 축복하고

나의 진지함과 우울함을 축복한다.

나의 믿음을 축복하고

나의 의심을 축복한다.

나의 자신감을 축복하고

나의 좌절감을 축복한다.

나의 희망을 축복하고

나의 절망을 축복한다.

나의 질병을 축복하고

나의 건강을 축복한다.

그리고 내 삶의 매 순간을 축복한다.


당신 마음이 가는 대로 이러한 축복을 좀 더 늘리거나 줄일 수도 있습니다.


이러한 축복의 말 외에 다양한 축복의 기도문도 있습니다. 어쩌면 당신은 위와 같이 스스로 축복하기보다는 자신이 믿는 신이나 여신, 혹은 여러 신들에게 축복을 요청하고 싶을 수도 있겠지요.

많은 이들이 좋아하고 제 마음에도 특히 와 닿는 기도문을 한 편 소개합니다.


하나님의 지혜가 우리의 손을 축복하사

돌보고 보호하는 손이 되게 하시고

붙잡기보다는 잡아주는 손이 되게 하시며

계산하지 않고 내어주는 손이 되게 하시고

사람을 위로하고 축복하는 힘을 지닌 손이 되게 하소서.


하나님의 지혜가 우리의 눈을 축복하사

도움을 필요로 하는 자를 알아보는 눈이 되게 하시고

보이지 않는 것을 간과하지 않는 눈이 되게 하시며

외면을 지나 내면을 꿰뚫어보는 눈이 되게 하시고

다른 이의 마음을 편안하게 해주는 눈이 되게 하소서.


하나님의 지혜가 우리의 귀를 축복하사

수많은 소리를 들을 수 있는 귀가 되게 하시고

조용한 요구를 경청하는 귀가 되게 하시며

거슬리는 말을 흘려듣지 않는 귀가 되게 하시고

수다와 소음은 듣지 않는 귀가 되게 하소서.


하나님의 지혜가 우리의 입을 축복하사

지켜주어야 할 말을 지켜주는 입이 되게 하시고

치유의 말을 하는 입이 되게 하시며

상처 주고 파괴하는 말을 하지 않는 입이 되게 하소서.

하나님의 지혜가 우리의 마음을 축복하사

사랑이 가득한 마음이 되게 하시고

따스함을 품고 전해주는 마음이 되게 하시며

넉넉하게 용서하는 마음이 되게 하시고

슬픔과 기쁨을 나눌 수 있는 마음이 되게 하소서.

   − 자비네 네겔리|Sabine Naegeli

어쩌면 당신, 이 모든 것이 아무 의미가 없다고 생각할 수도 있고, 어쩌면 제대로 축복하고 기도하는 법을 모를 수도 있겠지요. 그러한 당신을 위해 짤막한 다음 이야기를 들려드리겠습니다.

유대인 몇 명이 회당에 모여 기도하고 있었다. 그때 한 소년이 A, B, C, D라고 기도하는 소리가 들렸다. 어른들은 기도에 집중하려 노력했지만, A, B, C, D를 반복하는 소년의 소리 때문에 집중할 수가 없었다. 어른들은 예배를 중단하고 소리가 나는 곳을 돌아다보았다. 한 소년이 여전히 A, B, C, D를 반복하고 있었다. 랍비가 소년에게 물었다. "여기에서 뭘 하고 있는 거니?" 그 말에 소년이 대답했다. "저는 성경 구절을 잘 몰라요. 그래서 알파벳 노래를 부르는 거예요. 하나님께서 이 알파벳으로 우리에게 주시는 말씀을 만드실 수 있도록 말이에요."

   − 파울로 코엘료Paulo Coelho

당신이 이 땅에서 축복받은 삶을 누리길 바랍니다!

지금 이 순간 당신에게 주어진 것과 당신 자신에게 호의를 품고 친절히 대하십시오.

어쩌면 지금 이 순간 여기에서 한 걸음 더 앞으로 나가고 싶다는 마음이 들 수도 있습니다. 자리에서 몸을 일으켜 힘차게 걸어보고 싶은 마음이 들면 이 책을 계속 읽어 나가도록 하십시오. 하지만 그렇지 않다면 여기까지만 읽고 책을 덮어두세요. 그리고 자리에서 일어나 앞으로 나아가고 싶은 마음이 들 때까지 기다리는 겁니다.

# 내 삶을 결산한다는 것

이 소제목에 어쩌면 마음이 불편해졌을지도 모르겠습니다. 혹은 당신이 절망하고 우울해하고 '캄캄한 절벽 아래로 떨어지는 듯한' 두려움을 느꼈던 때를 떠올렸을 수도 있겠네요.

이 자리에서 저는 자신의 삶을 결산해보고 그것과 직면하라고 권하고 싶습니다.

당신의 현재 상황을 최대한 정확하게 서술해보십시오. 머릿속에 떠오르는 것이면 무엇이든 메모하고, 현 상황과 연관되어 있는 것을 모두 글로 옮겨보세요. 아무것도 미화하지 마세요. 이는 오로지 당신을 위한 글이며, 당신 외에 아무도 읽지 않을 테니까.

머릿속의 것을 모두 글로 옮기고 나서 이를 분석해보십시오.

무엇이 적혀 있나요?

당신이 할 수 있는 것은 아무것도 없으며, 당신은 아무런 가치가 없는 사람이며, 어느 누구도 당신을 사랑하지 않는다고 적혀 있습니까?

우울과 절망에 빠져 있는 사람들은 이렇게 생각하는 경우가 많습니다. 그들은 이를 '정상'이라고 여기며, 자신의 이러한 상태가 앞으로도 계속될 것이라고 생각합니다.

이 자리에서 저는 당신에게 지극히 솔직하게 결정할 것을 요청합니다.

지금 당신의 결정은 다른 누구 앞에서 정당화해야 할 필요 없이, 오직 자신에게만 정당하면 되는 결정이라는 사실을 기억하세요.

지금부터 충분히 시간을 들여 이러한 결정에 대해 머뭇거리기도 하고 의문을 품기도 하고 번복하기도 하는 등 결정을 내리기 전에 필요한 모든 과정을 밟아 나가십시오. 어느 누구도 이 과정에 개입하지 않을 겁니다.

오직 당신의 현재 상황과 당신의 세계관만을 염두에 두세요.

그러고 나서 지금 자신에게서 무언가를 변화시키고자 하는 의향이 있는지 살펴보십시오. 지금보다 더 나은 삶을 살고 싶나요? 더 나은 삶을 위해 무언가를 할 수 있지만 반드시 그래야 할 의무는 없습니다. 하지만 이와 관련해 벨기에 속담을 생각해보지요.

이 세상에서 당신에게 가장 큰 도움을 줄 수 있는 손은 당신의 양쪽 팔에 달려 있다.

혹은 당분간 모든 것을 지금 상태 그대로 두고 싶은가요?

설사 그렇다 하더라도 아무 문제 없으며 그러한 선택을 하는 것 또한 당신의 권리입니다. 지금 상태 그대로 느끼고 지금 상태 그대로 괴로워하는 것이 당신의 길이 아니라고 단언할 수 있는 사람은 아무도 없습니다. 현재의 힘든 상황을 지속하려는 경우, 어떻게 이러한 상황을 받아들이고 이를 토대로 어떻게 최선의 것을 만들어낼 수 있는지는 이미 앞부분에서 말씀드렸습니다.

그럼에도 불구하고 다시 한 번 찬찬히 생각해보십시오. 정말로 자신을 변화시키고 싶은 마음이 없는 것인지, 아니면 어차피 아무도 자신을 도와줄 수 없다고 생각해서 변화를 시도하지 않는 것인지 냉정히 판단해보는 겁니다. 분명 실망하고 싶지 않을 거예요. 그러한 당신 생각은 옳습니다. 이 세상에 실망하고 싶은 사람이 어디 있겠습니까?

저는 이 책을 통해 한 걸음씩 자신과 친구가 되고 더 많은 기쁨을 체험할 수 있는 방법을 전하고 싶습니다.

혹시 마음속에 아주 조금이라도 이를 체험해보려는 마음이 있는지 가만히 살펴보십시오.

만약 그렇다면 이 책을 계속 읽어 나가세요. 그럴 마음이 없다면 지금은 변화를 고려할 시기가 아닙니다.

# 지금이 적절한 때일까?

모든 일에는 다 때가 있다는 성경 구절이 있습니다. 매우 심오한 지혜라고 생각합니다. 지금 이 순간 무슨 일이 일어나느냐는 우리 마음대로 정할 수 있는 일이 아니거든요. 모든 것이 제때에 알맞게 일어나도록 만드는 것은 우리 의지와는 상관없는 다른 차원의 일입니다. 예를 들면 아무리 식물을 열심히 가꾸고 돌보아도 식물이 자라는 속도와 꽃을 피우는 때를 앞당길 수는 없습니다.

앞에서 언급한 구절을 읽어보면 여기에도 각각 상반된 것들이 언급돼 있음을 알게 됩니다. 우는 것과 웃는 것, 이 두 가지는 모두 삶의 일부이지요. 우리는 대부분 둘 중 하나만을 원하지만 삶은 그것을 허용하지 않습니다.

이에 대해 조용히 생각하고 명상해볼 수 있도록 전도서 3장을 '새번역'으로 소개합니다.

모든 일에는 다 때가 있다. 세상에서 일어나는 일마다 알맞은 때가 있다.

태어날 때가 있고 죽을 때가 있다. 심을 때가 있고 뽑을 때가 있다.

죽일 때가 있고 살릴 때가 있다. 허물 때가 있고 세울 때가 있다.

울 때가 있고 웃을 때가 있다. 통곡할 때가 있고 기뻐 춤출 때가 있다.

돌을 흩어버릴 때가 있고 모아들일 때가 있다. 껴안을 때가 있고 껴안는

것을 삼갈 때가 있다.

찾아 나설 때가 있고 포기할 때가 있다. 간직할 때가 있고 버릴 때가 있다.

찢을 때가 있고 꿰맬 때가 있다. 말하지 않을 때가 있고 말할 때가 있다.

사랑할 때가 있고 미워할 때가 있다. 전쟁을 치를 때가 있고 평화를 누릴

때가 있다.

## 변화를 위한 토대에 도전

지금 이 순간 무슨 일이 일어날지 결정하는 것은 우리보다 훨씬 높은 차원의 의지라 하더라도, 성장할 수 있는 여건과 변화할 수 있는 토대를 만드는 것은 우리가 할 일입니다.

걸음마하려는 어린아이를 침대 안에 가두어두면 아무리 아이가 원한다 해도 걸음마를 배울 수 없습니다. 아이를 침대 밖으로 꺼내 마음대로 움직일 수 있는 공간을 마련해주는 것이 바로 여건을 조성하는 것이지요. 단, 아이가 걸을지 말지를 결정하는 것은 다른 차원의 의지가 하는 일이며, 육아전문가나 당신의 생각 혹은 소망에 따라 결정되는 것은 아닙니다.

새로운 발걸음을 떼고자 하는 우리 마음의 움직임 또한 이와 마찬가지입니다.

우리의 의지보다 차원 높은 의지가 새로운 발걸음을 원하더

라도 당신이 이를 위한 여건을 마련하지 않으면 새로운 발걸음을 뗄 수가 없습니다.

당신이 여건을 마련해야만 성장을 향한 새로운 단계, 변화를 향한 새로운 단계에 접어들 수 있어요.

따라서 당신이 '그래, 이런 상태로 계속 갈 수는 없어. 내 삶에서 무언가가 변했으면 좋겠어'라는 결정을 내리는 것이 중요합니다. 이것이 바로 변화를 위해 당신이 조성해야 하는 여건입니다. 이제 이를 확대시킬 수 있는 방법을 몇 가지 알려드립니다. 이처럼 여건을 확대하고 나면 모든 일이 자연스럽게 흐름을 따라 진행되도록 놓아둡니다.

그렇기 때문에 이 대목에서 다시 한 번 당부하고 싶습니다. 모든 것을 지금 이대로 놓아두겠다고 결심했다면 이 책을 여기서 그만 덮으세요. 그러면 언젠가는 책 뒷부분이 궁금해질 때가 올 것입니다. 호기심은 건강한 자아를 회복하는 데 중요한 역할을 합니다. 이러한 호기심이 생기면 책을 계속 읽게 되겠지요. 하지만 단지 친구에게서 이 책이 아주 좋다는 얘기를 들어서, 혹은 누군가 루이제 레더만의 글이 좋다고 말해서 이 책을 읽고 있다면 지금 당장 덮으십시오.

지금 이 순간이 삶에서 무언가를 변화시킬 적절한 때인지는 오직 당신만이 알 수 있습니다. 이 책은 단지 읽는 것만을 위한 책이 아니라, 실제로 적용하기 위한 책입니다. 다시 말해서 이 책에는 제가 당신에게 전하려 하는 매우 많은 경험담이 수록돼 있습니다. 책 속의 여러 경험담을 읽고 자신을 좀 더 정확히 알아가고 삶 속에서 이를 활용하십시오. 그렇게 해야만 단순한 지식 그 이상의 것을 전하고 싶은 이 책의 진정한 의미를 달성할 수 있습니다.

## Chapter 2

면역력
기르기

책을 계속 읽겠다고 결정한 당신을 진심으로 환영합니다! 이제 우리는 함께 여행을 떠날 것입니다.

무언가를 바꾸어보겠다고 결심한 순간 이미 당신은 이 여행의 첫걸음을 내디딘 것이나 다름없습니다.

어떤 여행은 안락하고 어떤 여행은 흥미롭고 모험이 가득합니다. 여행을 하는 수단 또한 다양하지요. 도보나 자전거, 차를 타고 천천히 혹은 빨리 이동하는 여행도 있으며 비행기를 이용하는 여행도 있습니다. 하지만 어떤 형태건 간에 여행을 시작하기 위해서는 항상 집 현관 밖으로 나와 첫걸음을 떼야 합니다.

삶 자체가 그러합니다. 집 밖으로 나와 첫걸음을 떼지 않으면 아무것도 할 수 없어요. 다시 말해 친숙한 것은 놓아두고 집이라는 안전한 공간 밖으로 나와야만 합니다.

밖에서 무엇이 기다리고 있을지는 그 누구도 모르며 바로 이 때문에 모든 사람들은 두려움을 느낍니다. 정도의 차이가 있을 뿐, 누구에게나 어느 정도의 두려움은 항상 존재하기 마련입니다. 우리가 미지의 좋은 것에 발을 들여놓지 않고, 좋지 않지만 익숙한 것을 붙들고 있는 것도 바로 이 두려움 때문입니다.

내면에 존재하는 이러한 두려움은 잡아먹힐 수도 있다는 두려움에 떨면서 들짐승들과 맞서 싸워야 했던 원시시대부터 전해 내려온 인간의 내면적인 자기 보호 장치입니다. 즉, 우리의 몸이 두려움과 관련된 오랜 기억을 아직까지 간직하고 있는 것이지요.

따라서 왜 불필요한 두려움을 느끼느냐고 비난한다 해서 두려움이 사라지지는 않습니다.

두려움이라는 감정은 지금은 비록 10만 년 전처럼 인간에게 필요하지는 않지만, 본래 인간에게 유익한 반응이었습니다.

이러한 두려움을 느끼고 있는 당신에게 지금 필요한 것은 바로 용기입니다.

# 용기

당신과 제가 함께 나아가기 위해 필요한 중요한 원칙 중 하나를 이야기해볼까요.

그것은 당신이 무언가를 변화시키려 한다 해서 새로운 무언가를 배워야 할 필요는 없다는 것입니다. 오히려 지금 당신이 해야 할 일은 단지 당신이 언젠가 용기 있는 행동을 한 적이 있는지 되돌아보는 것뿐입니다.

이 책은 언뜻 보면 새로운 것을 많이 언급하는 것처럼 보입니다. 그런데 이러한 것들은 단지 인식하지 못하고 있을 뿐, 이미 당신이 모두 지니고 있는 것들입니다. 따라서 저는 곁에서 당신을 조금 도울 뿐입니다.

정확히 말하자면 당신이 무언가 새로운 것을 배울 수 있도록 돕는 것이 아니라, 당신이 이미 지니고 있는 능력을 (다시) 발

견하도록 돕는 것입니다. 이는 제게 중요한 과제랍니다.

이제 당신이 언젠가 용기 있는 행동을 했던 경험을 떠올려보세요.

예컨대 바로 지금처럼 삶에서 무언가 새로운 시도를 할 때에는 항상 용기가 필요합니다.

### ⮌ 잠시 멈추고 돌아보기 ❶

지금까지 살아오면서 어느 순간 처음으로 새롭게 했던 일들을 종이에 적어보거나 머릿속으로 떠올려보십시오. 이것이 첫 번째 연습입니다.

예를 들어 아기였을 때 나는 숟가락으로 먹기, 의자에 앉기, 걷기 등 수없이 많은 것을 배웠습니다.

지금 당신이 할 수 있는 모든 일을 적어보며 '언제부터 내가 이것을 할 수 있었지?'라고 자문해보는 것도 도움이 됩니다.

걷고 수영하고 자전거를 타고 운전하고 요리하고 뜨개질하고 잼을 만들고 글을 읽고 쓰고 셈도 하고 은행에서 계좌이체 용지를 작성하고 온라인 뱅킹하기 등등을 처음부터 할 수 있었던 것은 아닐 겁니다.

그러므로 지금까지 살아오며 배운 것을 전부 적어봅니다. 당신은 지금껏 아주 많은 것을 배워왔으며, 각각의 일을 처음 배울 때마다 필요한 용기를 발휘했어요. 용기가 필요한 일이라 생각하지도, 깨닫지도 못했지만 그럼에도 불구하고 그것은 분명 당신의 용기가 필요한 일들이었답니다.

## ⮌ 잠시 멈추고 돌아보기 ❷

종이에 적은 것 중 당신이 확실히 기억하고 있으며, 의식적으로 새롭게 배운 일을 하나 선택하세요.

그 일을 처음 배웠던 당시의 상황을 최대한 정확히 떠올려보십시오. 어떤 상황이었으며 누구와 함께 있었나요? 주변의 모습은 어땠고요? 어떤 기분이 들었는지요? 호기심이나 기쁜 마음이었습니까, 아니면 불안한 마음이나 조바심이 들었습니까? 당시 누군가가 당신을 격려해주었나요, 혹은 자신감을 떨어뜨리는 말을 했던가요? **그때 당신은 무슨 생각을 했습니까?**

그때 당신은 스스로 이 일을 해낼 수 있다고 생각했나요, 혹은 절대로 해낼 수 없다고 생각했나요? 그 일을 처음 배울 때 쉬울 것 같았습니까, 혹은 어렵게 느껴졌습니까?

그 일이 어렵게 느껴졌을수록 당신은 그 일에 그만큼 많은 용기를 냈던 겁니다. 그런 용기가 없었더라면 당신은 그 일을 배우지 못했을 것입니다.

지금은 쉽게 할 수 있는 일이지만, 그것을 처음 배울 당시에는 어려운 일이었다는 사실은 당신이 많은 용기를 냈음을 여실히 보여줍니다.

이는 논란의 여지가 없는 분명한 사실입니다.

부디 이러한 사실을 잊지 마세요.

지금까지 매우 힘든 삶을 살아왔다면 분명 당신은 그만큼 남보다 많은 용기를 내온 것이라고 말해주고 싶습니다. 어린아이가 무언가 새로운 것을 배우려 할 때 어른들이 옆에서 격려해주는 것은 정말로 중요합니다. 이 세상 모든 아이들이 부모의 따뜻한 격려를 받고 자랐으면 좋겠습니다. 당신이 부모에게 아무런 격려도 받지 못했다면 어떻게 혼자서 많은 어려운 순간을 이겨냈을까요? 아마도 스스로 결단을 내리고 용기를 내었을 것입니다. 아마도 이에 대해 지금까지 제대로 생각해볼 기회가 없었겠지만, 이는 분명한 사실입니다. 즉, 당신은 지금까지 끈기와 결단력을 발휘함으로써 지금 이 자리까지 온 겁니다.

아마도 당신은 자신이 얼마나 결단력 강한 사람인지 모를 거예요. 저는 이제 당신에게 그것을 알려주려 합니다.

### ⮌ 잠시 멈추고 돌아보기

앞으로 며칠간 잠자리에서 일어나거나 산책하거나 신문을 읽는 등 무언가를 할 때, 그 행위를 하기까지 어떤 과정을 거치는지 면밀히 관찰해보십시오. 그 행위를 하도록 당신을 움직이는 것은 무엇입니까? 어떤 생각이 들면 그 행위를 하려고 움직이나요? 마음이 내키면 그 과정을 종이에 적어보세요.

## 심장과 이성

심장이 감정과 깊은 관계가 있다는 말은 자주 들어보았을 것입니다. 기뻐하거나 화를 내거나, 슬퍼하거나 두려워할 때마다 항상 우리는 심장을 함께 거론합니다. 그렇기 때문에 우리는 오래전부터 기뻐서 심장이 터질 것 같다 혹은 심장이 찢어질 만큼 슬프다 같은 표현을 사용해왔습니다. 이 외에도 '심금을 울린다'라는 표현도 있습니다.

어쩌면 당신은 빌헬름 하우프 Wilhelm Hauff 의 동화 《차가운 심장》을 기억하고 있을지 모르겠습니다. 이 이야기에서 동화 속 주인공은 자신의 살아 있는 심장을 내어주고 돌로 된 심장을 지니고 살겠다고 거래합니다. 하지만 돌로 된 차가운 심장을 지닌채 살게 된 주인공은 행복한 삶을 누리지 못합니다.

최근 알려진 바에 따르면 인간의 심장은 이른바 사랑 호르몬인 옥시토신의 분비에 관여하며 옥시토신은 뇌의 감성적인 부분을 자극한다고 합니다. 우리가 직접 경험을 통해 이미 알고 있던 사실이 최근의 연구 결과를 통해 입증된 것이지요. 생텍쥐페리Antoine de Saint-Exupery의 《어린 왕자》에 잘 표현돼 있듯이 마음으로 사물을 '보는 것'은 좋은 일입니다.

당신의 심장이 편안함을 느끼고 당신이 편안한 마음을 유지할 수 있도록 배려하십시오.

수피즘의 전통 관습 중에는 '마음의 힘으로' 살도록 돕는 수행법이 특히 많습니다. 수피즘은 이슬람교의 영향을 받았지만 이슬람교보다 훨씬 오래된 신비주의적 전통을 갖고 있지요. 수피즘에서는 다른 많은 신비주의적 사상과 마찬가지로 신은 인간의 마음속에 거하고 있으며, 인간은 자신의 마음속에서 신을 만날 수 있다고 강조합니다. 신비주의적 전통을 지닌 종교에서는 대개 신을 사랑이라는 속성을 지닌 존재로 여기는 경향이 있습니다. 만약 당신이 신이라는 존재를 사랑과 동일시한다면 마음속에서 신을 만날 수 있다는 이러한 교리는 위로가 되겠지만, 신을 엄격하고 심판을 내리는 존재로 여기고 있다면 그러한 교리는 그다지 위로가 되지 않을 것입니다.

↻ **잠시 멈추고 돌아보기**

앞으로 며칠간 언제 당신이 '진심으로 편안한 기분을 느끼는지' 살펴보고, 가능하면 이를 기록해보세요. 이러한 기록을 분석해보면 내가 어떤 상황에서 진정한 평안함을 느끼는지 아마도 가닥이 잡힐 것입니다.

하루에 한 번씩 고개를 약간 왼쪽으로 돌리고 심장을 생각해봄으로써 당신의 심장에 관심을 기울여보십시오. 내 심장을 떠올리며 고마워해보세요. 그러면 심장 또한 당신에게 고마워할 것입니다.

저를 비롯한 많은 이들의 경험과 지식에 따르면 심장과 이성이 협력해 함께 일할 수 있도록 하는 것이 바람직합니다.

많은 이들은 심장과 이성이 서로 대립관계에 있다고 여깁니다. 물론 심장과 이성은 서로 대립할 수 있습니다. 하지만 심장과 이성이 공동의 이해관계 아래 심장은 이성을 돕고 이성은 심장을 돕도록 연습하는 것 또한 충분히 가능합니다.

### ⮑ 잠시 멈추고 돌아보기

앞으로 며칠간 당신의 심장과 이성이 협력하는 순간이 있는지 살펴보세요. 그런 순간에는 어떤 기분이 드는지, 기쁜지, 일이 좀 더 쉽게 처리되는지 등등. 이 경험을 계기로 심장과 이성이 조화롭게 협력할 기회를 좀 더 자주 만들어보는 것입니다.

이 장을 읽으며 실천할 때도 심장과 이성이 함께한다면 바람직한 결과가 있을 것입니다. 다시 말해 이런 작업이 나에게 이로운 일이라는 사실을 이성으로 깨닫고 내적으로도 편안한 기분을 느낄 수 있다면 더할 나위 없는 결과를 얻을 수 있을 거예요.

## 반복과 연습

첫 번째 걸음을 내디뎠다면 그 다음에는 어떻게 해야 할까요?

아기가 걸음마를 배우는 모습을 지켜본 적이 있나요? 첫걸음을 뗐다고 해서 당장 걸을 수 있는 것은 아니지요. 그래서 걸음마를 배우는 아기는 끊임없이 걷기 연습을 반복합니다. 이처럼 반복하는 이유는, 아기에게는 걸음마 자체가 재미있는 일이며 걷는다는 것이 자연스러운 행위인데다가, 아기가 걷는 것에 호기심을 갖고 있기 때문입니다.

당신에게도 걸음마를 배우는 아기 같은 호기심이 있는지요?

그렇다면 우리가 함께할 여행에 큰 도움이 될 것입니다.

우리는 대부분 연습이라는 것 자체를 싫어하며, 학창시절의 지루한 연습과 피아노 연습 등 여러 연습에 대한 기억을 갖고 있습니다. 이러한 연습과 관련하여 부모님에게 받은 스트레스,

꾸중, 나쁜 점수를 떠올리지요. 즉, 우리는 무언가를 반복해서 연습하는 것을 힘들어했습니다. 하지만 그럼에도 불구하고 당신은 이러한 연습을 지속적으로 해왔답니다. 만일 그렇지 않았다면 지금 이 책을 이처럼 자유롭게 읽을 수 없을 거예요. 글을 읽는 것은 다른 모든 일과 마찬가지로 반복적인 연습이 필요한 일이기 때문입니다.

앞부분에서 저는 당신에게 새로운 것을 가르치려는 것이 아님을 이미 언급했습니다. 당신은 단지 스스로 인식하지 못하고 있을 뿐, 이미 아주 많은 일을 할 수 있는 사람입니다.

당신은 무언가를 반복해서 익힐 수 있는 능력을 지녔으며 그런 능력을 온전히 인식하기만 하면 이를 십분 활용할 수 있을 것입니다.

기쁜 마음으로 연습하면 그 과정은 훨씬 쉬워집니다.

# 기쁨과 기뻐하기

저는 본래 쾌활한 사람이 아니었습니다. 제 고향은 바덴 뷔르템 베르크 Baden-Wrttemberg 주의 슈바벤 Schwaben 지방인데 그곳 사람들은 대체로 우울한 성향을 지니고 있답니다. 독일에서 우울한 사람들이 가장 많이 모여 있는 곳이 바로 바덴 뷔르템베르크라는 말이 있을 정도니까요. 우리 슈바벤 지방 사람들은 이런 평가를 좋아하며, 우울하다는 말이 귀족스럽다는 말과 일맥상통한다고 생각합니다. 우울한 성향의 사람들은 쾌활한 사람들을 진중하지 못하고 가벼운 사람으로 보기 때문이지요. 저 역시 상당히 오랜 세월 동안 이렇게 생각했으며 이런 선입견에 따라 행동했습니다.

게오르크 뷔히너 Georg Büchner 는 《레온체와 레나》라는 희극에서 독일인들이 유쾌한 일을 진지하게 만들어버리는 데 얼마나 뛰어난지를 풍자합니다. 이렇게 보면 진지함이나 우울함은 독일인의 특성인 것 같기도 합니다(물론 독일인만 이런 성격인 것은 아니에요. 제가 알기로는 포르투갈 사람들도 독일인 못지않게 진지하고 우울합니다. 포르투갈 서민의 희로애락이 담긴 전통노래 파두Fados를 들어보면 그들의 성격을 짐작할 수 있지요).

그런 점에서 저는 만약 이 책을 읽는 독자 중 누군가가 지금까지 단 한 번도 기쁨이라는 것을 경험하지 못했으며 인간의 삶에는 기뻐할 이유가 없다고 확신한다 해도 그다지 놀랍지 않습니다.

이처럼 인간의 삶에 기쁨이 어울리지 않는다고 생각하는 사람들이 많은 것은 기독교의 영향 때문입니다. 하지만 이러한 생각이 과연 예수님의 생각과 일치하느냐에 대해서는 부정할 수밖에 없겠습니다. 세상에 있는 교회들은 자신이 믿는 예수님과 다른 생각을 하는 경우가 많습니다.

제가 아는 한 기독교에서는 '행복을 위한 수단인 의식적인 기쁨'을 전파하지 않습니다.

반면, 특정 형태의 불교는 '행복을 위한 수단인 의식적인 기쁨'을 전파하기도 합니다. 제 스승인 실비아 베첼Sylvia Wetzel에게서 메시아Messia라는 히브리어 단어에 '기름부음을 받은 자'라는 의미 말고도 '기쁨'이라는 의미도 있다는 사실을 들었을 때, 저는 무척이나 놀랐습니다.

전해 내려오는 이야기에 따르면 오래전에 메시아가 될 수도 있었는데, 노래를 못 불러서 메시아가 못 된 왕이 있었다고 합니다. 이 이야기에서 유추해볼 수 있듯이 기쁨을 표현하려면 노래를 해야 합니다. 삶을 찬양하는 노래를 불러야 하는 것이지요.

## 의식적으로 기뻐하기

'행복해지기 위해 의식적으로 기뻐하기'라고, 한 번 나지막하게 읽어보세요.

무슨 의미인지 짐작이 되나요?

이는 삶에서 행복을 누리겠다고 마음먹은 이들의 마음이 기쁨으로 가득 차 아무것도 하지 않아도 자유롭고 편안하며 사랑으로 가득한 상태를 가리킵니다. 이는 행복을 누리겠다고 마음먹은 이들이 일상의 작은 기쁨, 작은 행복의 순간을 놓치지 않는다는 것을 의미합니다.

당신은 흐린 날이 며칠 이어진 후 오랜만에 내리쬐는 햇빛을 보고 기뻐할 수 있나요?

누군가가 당신을 향해 미소 지을 때 마음속이 환해지는 기쁨을 느낄 수 있습니까?

당신은 자신이 해낸 어떤 일에 기쁨을 느꼈는지요? 예를 들어 처음으로 이메일 보내기에 성공했을 때 기쁜 마음이 들었습니까?

잠시 산책하고 난 후에 마음이 가벼워지는 것이 느껴지세요?

무언가 아름다운 것을 발견하면 즐거워지나요?

이러한 일은 누구나 단지 몇 초만으로도 누릴 수 있는 일상의 소소한 기쁨입니다.

여름이 온다.

당신을 위해 해가 비친다.

해가 지칠 때면

달이 비치고,

달이 지칠 때면

별들이 당신을 위해 빛을 낸다.


백합에게서 배우고

새에게서 배우라.

이들은 당신의 스승들이다.

존재한다는 것은 오늘을 위해 그 자리에 있는 것

존재하는 것은 기쁨이다.

백합과 새는 우리에게 기쁨을 가르쳐주는 스승이다.

이 멋진 글은 키에르케고르의 글입니다. 불안과 실존에 천착했던 우울한 비관주의자로 알려진 그가 이러한 글을 썼다는 사실이 저로선 무척 의외였습니다.

이제 당신에게 한 가지 가장 큰 과제를 부여하려 하는데, 이는 지속적으로 수행해야 하는 것이므로 쉽지 않은 과제일 것입니다.

그 과제는 바로 기쁨일기를 쓰는 일입니다.

작고 예쁜 수첩이나 공책을 구입해 하루 동안 당신이 누렸던 기쁨을 저녁에 적어보세요.

> 세상에서 가장 불행한 삶에도 해처럼 찬란히 빛나는 시간이 있으며, 바위 더미와 모래 틈에서도 여리고 아름다운 꽃송이는 피어난다.
>
> – 헤르만 헤세

당신이 해야 할 일은 바위 더미와 모래 틈 사이에 핀 여린 꽃송이를 알아보는 눈을 키우는 것입니다. 아기의 웃음소리, 당신의 눈동자를 빛나게 했던 말 한 마디, 이른 봄에 피어난 꽃을 소중히 여기는 법을 배우는 것이지요.

하루를 보내는 동안 기쁨을 준 모든 것을 공책에 적어보십시오. 아무리 소소한 것이라도 기록할 만한 가치가 있습니다.

혹은 당신에게 기쁨을 준 사진, 당신이 사랑하는 사람들 혹은 아름다운 자연을 담은 사진을 공책에 붙여도 좋습니다. 또한 당신에게 힘을 준 글이나 시, 기도문을 기쁨일기에 적을 수도 있습니다.

저는 이미 여러 사람들에게 이러한 기쁨일기를 적도록 권해왔는데, 제게 기쁨일기에 대해 이야기해준 사람은 베레나 카스트 Verena Kast와 바르다 하셀만 Varda Hasselmann입니다. 베레나 카스트는 사람들에게 '기쁨자서전'을 써보도록 권하며, 바르다 하셀만은 수많은 세미나를 통해 멋지고 희망찬 메시지를 전하고 있는데 그중 하나가 기쁨일기입니다.

그렇다면 왜 일반적인 일기가 아니라 기쁨일기를 써야 할까요?

보통 일기에는 당신을 힘들게 했던 일들을 기록하게 되는데, 그러다 보면 그 일이 자꾸 생각나 기뻤던 일을 떠올리기 힘들어지기 때문입니다. 따라서 보통의 일기를 쓰려면 기쁨일기와는 별개로 작성하는 편이 바람직합니다. 기쁨일기는 시간이 갈수록 당신에게 힘을 주는 원천이 될 것입니다.

또 기쁨일기를 쓰다 보면 이미 앞에서 말했던 것, 즉 당신은 이미 아주 많은 것을 할 수 있다는 사실이 또다시 입증될 거예요. 다시 말해 당신은 기뻐하는 것을 저에게서 배우는 것이 아니라 이미 기뻐할 능력을 지니고 있습니다. 저는 단지 기쁜 일이 있을 때마다 기록하라는 조언을 할 뿐이고요.

이처럼 기쁨일기를 적다 보면 당신이 기뻐할 수 있다는 사실을 스스로 인지하게 되고, 이를 인지하다 보면 점점 더 많은 것에 기뻐하게 될 겁니다.

삶에 존재하는 소중한 것에 더 많은 주의를 기울일수록 이러한 소중한 것이 점점 자라난다는 사실은, 적어도 제게는 또 하나의 기쁨입니다. 이는 마치 꽃송이를 적셔서 더 많은 꽃을 피우는 부드러운 빗방울과 같습니다. 시간이 지날수록 기쁨일기는 소중한 보물 상자가 될 것입니다.

예컨대 저는 제게 힘을 주는 말과 글 등을 모아두는데, 그중 몇 가지를 이 책을 통해 소개하겠습니다.

다음의 글은 제가 무척 소중히 여기는 것이며 이 또한 제 환자에게서 받은 글 중 하나입니다.


이른바 아무 이유 없이 즐거워하기


나는 하늘에 구름이 떠다녀서 기쁘고

비가 내리고 우박이 떨어지고 날씨가 추워지고 눈이 내려 기쁘다.

푸른 계절이 되어

들장미와 말오줌나무에 꽃이 피어 기쁘다.

지빠귀가 노래를 부르고 꿀벌이 앵앵거려서 기쁘고

모기가 물고 쇠파리가 윙윙거려 기쁘다.

빨간 풍선이 파란 하늘로 올라가서 기쁘고

참새가 지저귀고 물고기가 아무 말 없어 기쁘다.

나는 달이 하늘에 떠 있어서 기쁘고

날마다 태양이 새롭게 떠올라 기쁘다.

여름 뒤에 가을이 오고 겨울 뒤에 봄이 온다는 것이 무척 마음에 든다.

여기에는 의미가 숨어 있다.

똑똑한 이들조차 알지 못한다 해도 분명 어떤 의미가 있다.

인간의 머리로 모든 것을 이해할 수는 없다!

나는 기뻐한다, 바로 이처럼 기뻐하는 것이 삶의 의미다.

무엇보다도 내가 이 세상에 존재한다는 것이 기쁘다.


내 마음속의 모든 것이 활짝 갠 하늘처럼 깔끔하게 정돈돼 있다.

마음속에 온통 환하고 따스한 기운이 차오른다.

이런 날이면 사람들은 사다리를 타고 올라간다.

땅에서 하늘까지 이어져 있는 사다리를 타고 올라간다.

이런 날이면 사람들은 네 이웃을 네 몸과 같이 사랑하라는

가르침을 실천할 수 있다.

나는 아름다운 것과 신기한 것을 볼 때마다

새롭게 느껴져서 기쁘다.

모든 것이 항상 이토록 멋지고 새로워서 기쁘다!

나는 내가 ……, 내가 기뻐하는 것이 기쁘다.

　　　　　　　　　－마샤 칼레코Mascha Kaléko


마음이 내키면 한동안 이 글을 날마다 읽고 조용히 생각하거

나 명상해보십시오.

어쩌면 이 글이 당신을 변화시킬지도 모르겠습니다.

## 소리 내어 웃기

우리는 기쁠 때 소리 내어 웃거나 미소를 짓습니다. 어쩌면 '함께 모여 웃는 모임'에 대해 들어본 적이 있을지도 모르겠습니다. 그곳에서는 사람들이 모여 함께 큰 소리로 웃습니다. 웃음에는 전염성이 있답니다.

흥미로운 것은 웃을 일이 없더라도 얼마간 소리 내 웃는 시늉을 하다 보면 정말로 웃음이 나온다는 사실이에요.

하하하, 호호호, 히히히, 소리 내어 웃어보십시오. 그러면 정말 웃음이 나올 수도 있습니다. 신나게 소리 내어 웃으면 몸을 건강하게 만들어주는 다양한 항스트레스 호르몬이 왕성히 분비됩니다.

기쁨은 아름다움과도 관계가 있습니다.

# 아름다움

아일랜드의 시인이자 철학자인 존 오도나휴<sup>John O'Donohue</sup>는 아름
다움이라는 주제에 관해 특히 멋진 글을 많이 남겼습니다. 그중
하나를 소개합니다.

아름다움은 우리가 모르는 사이에 날마다 찾아온다. 사람들이 나누는 대
화에 귀 기울여보면 사람들이 얼마나 자주 아름다움이란 말을 언급하는지
놀라게 된다. 아름다움이 없는 세상이란 상상하기조차 힘들다. 실제로 사
람들이 힘든 역경에서 살아남을 힘을 얻는 것도 참된 아름다움을 만났기
때문이다. 하지만 아름다움은 눈에 띄지 않을 만큼 정교하게 일상에 들어
와 있어서 우리는 이를 인식하지 못할 때가 많다. 우리가 무슨 일을 하든
상냥함, 배려, 선함, 즉 아름다움이 우리와 함께 움직인다. 살다가 문득 아
름다움을 접하면 우리는 고향에 온 것 같은 따뜻함을 느낀다.

미국의 유명한 심리학자 마틴 셀리그만은 행복의 조건을 연구했는데, 행복한 삶을 살기 위한 24개의 조건 중 하나로 아름다움을 인식하고 누리는 능력을 꼽았습니다.

사물이 내뿜는 아름다움과 인간과 사물에 내재돼 있는 아름다움을 인식하면 마음이 가벼워집니다.

우리를 둘러싼 아름다움에 눈을 뜨면 삶이 가벼워집니다. 이처럼 우리 인간은 자신을 짓누르는 무겁고 아름답지 못한 것을 상쇄할 수 있는 아름다움을 찾아 마음의 균형을 이루어냅니다.

## ↻ 잠시 멈추고 돌아보기

일주일 동안 시간을 내어 삶에 존재하는 아름다움에 집중해보면 어떨까요?

아름다움을 보지 못하는 이는 악해지며, 악한 것을 보지 못하는 이는 우둔해진다는 말이 있습니다.

에리히 케스트너Erich Kästner가 한 말로, 악한 것에 눈감고 외면한 채 마치 도피하듯 아름다운 것만 보는 것은 아무 의미가 없다는 뜻일 것입니다. 하지만 삶에서 역경을 겪고 있는 사람들의 문제는 대부분 '악한 것'을 못 보는 것보다 어려운 일에 지나치게 집중하는 데 있습니다.

## 주의를 기울여 인식하기

세상의 아름다움과 자신의 능력에 제대로 주의를 기울이지 않으면, 세상의 아름다움과 자신의 능력을 알 수가 없어요.

우리 중에는 삶의 아름다움을 인식하지 못할 뿐 아니라 자신의 상태가 좋지 않고 몸이 아프며 목이 마르고 배가 고프다는 사실조차 인식하지 못하는 이들도 많습니다. 무언가를 인식하지 못하면 많은 불이익이 따릅니다.

지금까지 당신은 분명 여러 가지를 인식하면서 살아왔습니다. 당신은 지금 이 책을 읽다가 잠깐씩 멈추는 것도 알고 있으며, 자신이 이 책을 좋아서 읽는지 혹은 억지로 읽는지도 알고, 의자에 앉아서 읽는지 혹은 소파에 누워서 읽는지도 알지요. 당신이 이 모든 것을 안다는 것은 이들을 이미 인식했기 때문에 가능합니다. 따라서 몇 분 전까지만 해도 당신에게는 무언가를 인식하는 능력이 없다고 생각했을지 모르지만, 이처럼 당신은 여러 가지를 인식할 수 있는 사람입니다.

제가 당부하려는 것은 지금 이 순간부터는 이전보다 좀 더 주의를 기울여 사물과 상황을 인식하라는 것입니다.

주의를 기울여 사물과 상황을 인식하기 위한 연습법에는 여러 가지가 있는데 그중 비교적 간단한 것은 (그러나 무조건적인 것은 아닙니다) 자신의 호흡을 감지하는 연습입니다. 이 연습은 자신이 숨을 들이쉬고 내쉬는 것을 5분 동안 인식하는 것인데, 가능하면 이를 규칙적으로 연습해봅니다.

간혹 자기 호흡에 집중하는 연습을 어려워하는 사람들도 있는데, 이런 경우에는 호흡하면서 나타나는 몸의 움직임에 집중하는 편이 좀 더 쉬울 수도 있습니다.

호흡으로 인식 연습을 하는 것 외에 일상에서 사물과 상황을 접할 때 그 사물과 상황에 집중해보는 것도 좋습니다.

### ⮌ 잠시 멈추고 돌아보기 ➊

주의를 기울여 샤워하기입니다.

우선 물을 틀려고 하는 동작에 집중합니다. 샤워기 손잡이를 돌리고 온도를 조절하는 것에 온전히 주의를 기울이세요. 어떤 온도가 내게 가장 적합한지 정확히 인지합니다. 그러고 나서 평소보다 훨씬 주의를 기울여 물줄기를 몸 위로 흘려보내고 몸 구석

구석을 느껴보십시오. 충분히 시간을 두고 몸의 각 부분에 물이 흐르는 것을 느껴보기 바랍니다. 만일 정확히 느끼기가 꺼려지는 부분이 있다면 마음이 내킬 때까지 그 부분은 그냥 놔두세요. 시간은 충분합니다.

이 방법은 따로 시간을 낼 필요가 없는 간단한 연습법이지만, 분명 변화를 가져다 줄 것입니다. 이 연습을 실천해보고 경험한 바를 약 4주 후에 평가해보세요. 몸의 감각은 연습으로 많이 달라져 있을 것이며, 인식대상에 집중하는 것 또한 훨씬 익숙해져 있을 거예요.

불교에서 중요하게 여기는 원리 중 하나가 바로 온전히 주의를 기울여 대상을 바라보는 것인데, 이러한 수행으로 자신을 자각할 수 있다고 생각해서입니다.

미국의 심리치료사 존 카바트 진John Kabat Zinn은 8주간 진행되는 '주의 기울이기' 프로그램을 개발해 중증 환자들에게 적용해 커다란 성과를 거두었습니다. 현재 해당 프로그램은 독일에서도 좋은 반응을 얻고 있습니다. 제가 원장으로 재직했던 병원에서도 수년 전부터 해당 프로그램 일부가 도입돼 시행되고 있는데, '주의를 기울여 대상을 인식하는 연습'은 심리질환 환자나 일반인 모두에게 추천할 만한 유용한 프로그램입니다.

인식대상에 온전히 주의 기울이기는 모든 것을 대상으로 적용할 수 있습니다. 어떤 행동을 하거나 무슨 생각을 하거나 혹은 무엇을 느낄 때, 그 대상에 온전히 주의를 기울이면 당신의 삶은 이전보다 훨씬 풍성해질 것이고 신문을 읽거나 텔레비전을 볼 때보다 훨씬 흥미로운 경험을 하게 될 것입니다. 무슨 일을 하든 온전히 주의를 기울여보십시오. 나는 이미 그럴 수 있는 능력을 지니고 있음을 상기하세요. 단지 예전에는 자신의 능력을 의식하지 못한 채 대상에 주의를 기울였다면, 이제는 이를 의식하는 가운데 온전히 주의를 기울여보는 겁니다.

## ↪ 잠시 멈추고 돌아보기 ❷

지금 소개하는 방법은 제가 '우주와의 합일'이라고 부르는 것인데, 존 카바트 진이 초보자를 위해 추천한 연습법입니다.

건포도(건포도를 싫어하는 경우 작은 사과나 귤 조각) 세 알을 집어서 최대한 온전히 주의를 기울이고 집중한 가운데 하나씩 차례대로 먹습니다. 정확히 말하면, 일단 세 알의 건포도를 눈으로 보고 냄새를 맡은 다음, 딱딱한 정도를 손가락으로 느껴보고 비로소 한 알을 입에 넣는 것이지요. 그러고 나서 입 안의 건포도를 정확히 의식하면서 아주 천천히 씹어봅니다. 입 안의 건포도가 완전히 으깨지면 삼키세요. 그리고 건포도가 구강에서 식도를 거쳐 위장으로 내려가는 것을 느껴보세요. 인체에 대한 약간의 지식이 있으면 건포도가 지나는 경로를 좀 더 세세하게 정확히 따라갈 수 있습니다. 처음 입에 넣은 건포도가 완전히 위장까지 내려가고 나면 나머지 건포도 두 알을 차례차례 입에 넣고 동일한 과정을 거쳐봅니다.

각각의 건포도가 조금씩 다르다는 것을 감지할 수 있었나요?

이처럼 주의를 기울여 먹고 나니 어떤 기분이 들었습니까?

건포도를 전부 먹고 난 후에는 자신이 먹은 건포도가 터키나 캘리포니아 등 외국산이라는 사실을 생각해보는 겁니다. 건포도가 자라고 수확돼 당신의 식탁에 오르기까지 얼마나 많은 생명체가 그 과정에 참여했을지를 생각합니다. 예를 들어 포도나무가 자라는 데에 도움을 준 미생물, 포도나무를 심은 포도원 주인, 포도원 주인을 이 세상에 태어나게 해준 그의 부모를 비롯한 많은 사람들을 떠올려보십시오.

의식이 확장되는 것이 느껴지나요? 몇 분 전까지만 해도 전혀 생각하지 못했던 많은 것들과의 연대의식이 갑자기 느껴집니까? 많은 이들의 손을 거친 건포도를 먹고 난 지금 이 순간부터는 분명 지구상의 많은 것들과 자신이 연계되어 있음을 분명히 의식할 수 있을 것입니다.

무언가를 처음 시작하는 사람은 이처럼 온전히 주의를 기울입니다.

# 처음 시작하는 이의 자세

의식하든 하지 않든, 우리는 살면서 끊임없이 무언가를 새롭게 시작합니다.

처음 시작하는 사람의 자세란 새로운 일뿐만 아니라 이미 익숙해진 일을 할 때도 모든 것을 향해 마음을 온전히 여는 태도를 의미합니다. 즉 매 순간을 새로운 것으로 여겨 매 순간 온 정성을 쏟고 주의를 기울이는 자세를 말합니다.

처음 시작하는 사람의 자세를 지니고 있으면 끊임없이 새로운 것을 발견하게 되며, 극히 평범해 보이는 단순한 사물의 내면에 얼마나 다양한 모습이 숨어 있는지 알게 된답니다.

## ⤴ 잠시 멈추고 돌아보기

며칠 동안 당신이 반복적으로 (해야) 하는 숱한 일들을 관찰해봅니다. 예컨대 매일 지나다니는 길을 걸어갈 때 자신을 관찰해보세요. 매일 지나는 길이지만 매번 무언가 차이가 있음을 느낄 수 있나요?

처음 시작하는 사람의 자세를 지니고 익숙한 일을 한다는 것이 무엇을 의미하는지 생각해봅니다. 익숙한 일을 할 때에도 그 과정과 결과가 매번 다를 수 있다는 말이 이해되는지요? 이 말이 당신에게 어떤 영향을 미치는 것 같습니까?

처음 시작하는 사람의 자세란 새로운 것을 아무런 편견 없이 열린 마음으로 수용하는 어린아이들의 능력과도 비슷한 점이 있습니다.

너희가 어린아이와 같은 마음을 지니지 아니하면……이라고 한 예수의 말씀은 마음속에 흥미와 호기심과 믿음을 갖고 끊임없이 새롭게 시작하라는 의미일 것입니다.

처음 시작하는 사람의 자세에 관해서는 이 책 '이별하기와 내려놓기'에서 다시 한 번 살펴보겠습니다.

## 온전히 현재에 집중

처음 시작하는 사람의 자세를 지니려면 현재에 온전히 집중하 겠다는 마음가짐이 필요합니다.

모든 종교적 전통에서는 지금 이 순간에 온전히 집중하여 의 식하는 것이 얼마나 중요한지를 강조합니다.

현재에 집중하는 것은 두려움을 떨쳐버리기 위한 가장 좋은 수단입니다. 물론 이를 위해서는 현재의 상황이 본인에게 위협 적이지 않다는 것이 전제되어야 합니다. 지금 이 순간을 생생하 게 정확히 인식하면 두려움은 대부분 저절로 사라져버립니다.

앞으로 두려움이 밀려오면 그 순간을 의식적으로 정확히 인식해
봅니다.

두려움은 어찌 되었습니까? 두려움이 줄어들었나요, 혹은 완전히
사라졌나요?

그렇다면 지금부터 두려울 때마다 이 방법을 활용해보는 겁니다.

## 스스로 관찰

집중적으로 들여다보면 자신의 심적 상태가 시시각각 변하는 것을 관찰할 수 있습니다. 때로는 마음이 좀 더 편안하게 느껴지다가도 어느 순간 다시 불편해지기도 합니다.

앞으로 며칠 동안 일상생활 중에 갑자기 마음이 편안해지면 그 순간의 상황을 정확히 분석해보세요. 기분이 '무척 좋지는' 않더라도 단지 평상시보다 좀 더 편안히 느껴지면 그 순간의 상황을 주의 깊게 살펴봅니다. 평소와 비교할 때 무엇이 다른가요?

평상시보다 편안한 기분이 드는 순간 당신은 무슨 생각을 하고 있고, 무엇을 하고 있으며, 어떤 기분이 들고, 누구와 함께 있습니까? 그 순간 당신은 어떤 환경에 있나요?

이러한 모든 질문은 자기 인식을 위한 중요한 단서입니다. 물론 마음을 불편하게 하는 요인이 무엇인지 끊임없이 질문하는 것 또한 자기 인식에 도움이 됩니다. 단, 제가 당부하려는 것은 당신이 평소보다 편안함을 느낄 때가 어떤 상황인지 스스로 질문해보라는 것입니다.

해결해야 할 중요한 문제가 있다고 가정해보지요. 기분이 아주 좋을 때와 나쁠 때, 둘 중 어느 때에 문제가 좀 더 잘 풀리던가요?

아마도 기분 나쁠 때보다는 좋을 때에 좀 더 쉽게 해결할 수 있을 겁니다. 기분이 좋을 때의 상황을 정확히 분석해보는 것이 중요한 이유는 바로 이 때문입니다.

이처럼 자신의 심적 상태와 행동이 어떤 연관이 있는지 정확히 살피고 나면, 앞으로 어떤 상황이나 행동을 지양해야 하며 어떤 상황을 만들고 어떤 행동을 해야 할지를 분명히 알게 됩니다.

마음을 편안하게 하는 일을 자주 하세요. 그리고 마음을 불편하게 하는 일은 자제하십시오!

## 생각 바꾸기

'말은 쉽지'라고 생각할지도 모르겠습니다. 살다가 어려운 상황에 처할 때, 문제의 원인은 우리 자신에게 있을 수도 있고 때로는 외부에 있을 수도 있습니다. 전자의 경우에는 우리가 상황을 변화시킬 여지가 있지만 후자의 경우에는 변화의 여지가 없을 수도 있습니다.

단, 두 가지 경우 모두 주어진 상황에 대한 우리 생각을 변화시킬 수는 있습니다.

미하이 칙센트미하이Mihaly Csikszentmihalyi의 연구에 따르면 주어진 상황에 바람직하게 대처하기 위해 중요한 것은 '무엇'이 아니라 '어떻게'이며, 여기에서 우리의 생각이 핵심 역할을 한다고 합니다.

## 1. 당면한 상황을 정확히 들여다보기

어떠한 평가도 내리지 말고, 현재 상황을 있는 그대로 묘사해보십시오.

내가 진료실에 앉아 있는데 시청 소속 환경미화원이 진료실 창문 바로 앞에서 요란한 소리를 내며 잔디 깎는 기계를 한없이 돌린다고 상상해볼까요. 그 순간 나는 화가 나서 폭발할 것 같은 상태입니다. 저놈의 잔디 깎는 기계 때문에 일을 제대로 할 수 없다고 생각합니다.

자신이 이같이 생각하기 때문에 스트레스와 분노 게이지가 점점 상승한다는 것을 알아챌 수 있습니까?

만약 위의 상황을 있는 그대로 묘사한다면 어떻게 될까요?

잔디 깎는 기계가 있습니다. 그 기계에서는 소음이 발생합니다. 여의사 한 명이 진료실에 앉아 있는데 그녀는 누군가와 이야기를 나누고 있는 중입니다. 그녀는 화를 냅니다.

이 두 묘사 사이의 차이를 알겠는지요?

아마도 예전 학창 시절에 모든 것을 정확히 묘사하는 글을 써본 적이 있을 겁니다. 예를 들어 어떤 그림을 보면서 그림을 있는 그대로 묘사하는 과제처럼 말이지요. 이처럼 사물이나 상황을 있는 그대로 묘사하면 당사자의 감정이 덜 개입돼 한마디로 '쿨'해지면서, 어느 것 하나 배제되지 않고 모든 사실이 담깁니다.

어떠한 판단이나 비난도 하지 않은 채 현재의 상황을 있는 그대로 묘사하는 것은 마음을 차분히 다스릴 수 있는 아주 좋은 방법입니다. 한 번 실천해보세요.

## 2. 일정한 거리 두기

현재 상황을 있는 그대로 묘사하는 것은 상황과 일정한 거리를 두는 것이라고 할 수 있습니다. 주어진 상황과 일정 거리를 두면 상황을 좀 더 객관적으로 묘사할 수 있습니다. 이와 관련해 고대 로마의 시인 오비디우스는 높은 별 위에 올라가 인간의 삶을 내려다보는 상상을 해보라고 제안한 바 있지요. 이렇듯 고대 로마인도 우리와 똑같은 문제를 안고 있었다는 생각을 해보면 조금은 편안해집니다.

이 외에도 비행기나 하늘을 나는 양탄자 혹은 열기구를 타고 자신의 삶을 내려다본다고 상상해볼 수도 있습니다. 당신 마음에 쏙 드는 장면을 내려다본다고 상상해보세요. 이 중 어떤 방식을 선택하든 간에 중요한 것은 주어진 상황을 일정한 거리를 두고 먼 곳에서 바라보는 것입니다.

이처럼 평소보다 좀 더 거리를 두고 멀리 떨어져서 상황을 바라본 후 자신의 마음 상태를 평가해봅니다. 평소와 비교할 때 차이가 있습니까? 평소보다 좀 더 침착해지고 차분해졌는지요? 머리가 조금 가벼워졌습니까? 그렇다면 이 방법을 기억해두었다가 기회 있을 때 다시 실천해보십시오.

특정한 문제를 직시하고 적극적으로 나서서 해결해야 하는

경우에도 이 방법을 적용할 수 있습니다.

특정 문제를 적극적으로 해결해야 한다고 해서 이에 대해 격한 감정을 품을 필요는 없습니다. 아니, 오히려 그 반대입니다. 상황을 일단 거리를 두고 찬찬히 바라보고 나면, 이를 좀 더 가까운 곳에서 들여다볼 힘이 생깁니다. 주어진 상황을 그대로 놔두는 것은 잠깐은 필요한 일일 수도 있지만 상황이 근본적으로 개선되는 데에는 아무런 도움이 되지 않거든요. 그러니 비록 힘이 들긴 하겠지만 평온하고 담담한 마음으로 해당 상황에 접근하십시오. 이때 조금 떨어져 적절한 거리를 두고 바라보는 방법은 상황을 개선하는 데 커다란 도움이 될 수 있습니다.

당신에게도 이러한 방법이 도움이 되는지 실천해보십시오.

왜냐하면 어떤 사람들에게는 이와는 정반대 방법의 접근이 유용하기 때문입니다. 이런 유형의 사람들은 주어진 상황에 아주 근접해서 바라보아야만 상황을 개선할 방법을 찾을 수 있습니다. 당신이 이 중 어떤 유형에 속하는지는 자신이 가장 잘 알 것입니다.

하지만 이처럼 해당 상황에 아주 가까이 접근하는 방법은 매우 조심스럽게 사용해야 합니다. 이때 '눈 질끈 감고 직진'이라는 태도는 취지와 맞지 않으므로 이러한 자세로 성급하게 접근해서는 안 됩니다. 아주 가까이 접근하는 방법을 사용할 때는 마치 꽃이나 나비를 수집하는 사람처럼 주어진 상황을 아주 면밀하게 관찰해야 합니다. 가장 미세한 부분까지 인식하기 위해

돋보기를 손에 들고 풀밭에 앉아 꽃이나 나비를 관찰하다 보면, 언젠가는 눈앞의 꽃이나 나비의 고유한 본질을 깨닫게 됩니다. 이처럼 자신에게 당면한 문제를 지극히 정확하게 관찰하다 보면 문제를 이해하고 해법을 찾을 수 있답니다.

단, 중요한 것은 자신이 위에서 살펴본 두 가지 유형 중 어디에 속하는지를 파악하는 것입니다. 일단 이를 파악하고 나면 적절한 해법 또한 찾게 될 테니까요.

### ⮌ 잠시 멈추고 돌아보기

자신이 두 가지 유형 중 어디에 속하는지, 즉 주어진 상황을 거리를 두고 관찰함으로써 '전체적인 통찰력'을 얻는 유형인지, 혹은 세부 사항을 알고 싶어 하며 '가까이에서' 무언가를 하는 것을 선호하는 유형인지 주의 깊게 살펴보시기 바랍니다.

# 수용

이 주제에 관해서는 이미 1장에서 언급한 바 있습니다. 하지만 무언가를 인정하거나 받아들이는 것은 너무나 중요한 주제이므로 다시 한 번 다루겠습니다(이처럼 반복하면 연습의 효과도 얻을 수 있습니다. 반복이 얼마나 중요한지에 관해서는 이미 이야기한 바 있죠. 앞으로도 이처럼 중요한 부분은 몇 차례가 되든 반복할 것입니다).

가시

우리는 장미를 심었다.

장미는 보이지 않고 온통 가시뿐이다.

정원사가 우리를 위로한다.

장미는 지금 잠자고 있다고

장미는 보이지 않고 가시만 보이는 계절에도

사랑해야 한다고

우리를 위로한다.

　　- 로제 아우스랜더Rose Ausländer


　이 시를 쓴 로제 아우스랜더는 중요한 메시지를 전해줍니다. 그것은 바로 우리가 바꿀 수 없는 일은 받아들여야 한다는 것입니다.

　슬픔이나 우울함을 다른 것으로 바꿀 수 없다면, 이를 받아들이는 편이 당신에게 더 도움이 될 수 있습니다. 하지만 로제는 단지 가시에 대해서만 이야기하지 않습니다! 그녀는 언젠가는 장미가 피어날 것을 알고 있으며 시 속의 정원사도 그렇게 이야기합니다. 가을이나 겨울날 장미 나무를 살펴보세요. 꽃과 잎사귀가 모두 떨어진 나무에 마치 가시만 돋아나 있는 것처럼 보이지만 꽃과 잎사귀는 우리 눈에 보이지 않는 싹 속에서 때를 기다리고 있습니다.

　무언가를 받아들이는 것은 '양보하기'와도 연관이 있습니다.

## 양보

마음의 회복력이 강한 사람은 싸우기를 중단하고 양보해야 할 때를 압니다.

'현명한 자는 부러지지 않고 휘어진다'는 인생 경험이 담긴 지혜로운 말처럼 때로는 자신의 뜻을 굽히는 것이 현명할 때도 있습니다.

**⤴ 잠시 멈추고 돌아보기**

지금까지 살아오면서 자신의 뜻을 접고 양보했던 순간들을 떠올려보고, 자신에게 양보의 능력이 있다는 사실을 기억하십시오. 만약 지금까지 단 한 번도 양보해본 적이 없다면 처음으로 시도해보세요. 당신이 양보할 수 있는 기회를 찾아 양보해보는 것입니다. 그리고 그 경험을 평가해봅니다.

자기 뜻을 접고 양보할 수 있는 사람은 겨울이 지나면 반드시 봄이 온다는 사실을 압니다. 이를 다음과 같이 표현할 수 있겠습니다.

## 이 또한 지나가리라

이는 제가 치료한 많은 환자들에게 위안을 주었던 말입니다. 환자들은 이 세상에 영원한 것은 정말로 아무것도 없다는 사실을 자신에게 상기시키기 위해 이 문장을 끊임없이 되뇌었습니다. 살다 보면 때로는 작은 파도가, 때로는 큰 파도가 삶 속으로 밀려오지만 모든 파도는 때가 되면 사라지기 마련이에요.

《도덕경》은 이렇게 말하고 있습니다. 이 세상에서 유일하게 변하지 않는 것은 모든 것이 변한다는 사실뿐이라고.

## ⤴ 잠시 멈추고 돌아보기

지금까지 살아오며 당신의 적극적인 행위 없이도 변화한 일들을 모두 적어봅니다. 적극적인 행위가 없이도 당신은 키가 자랐고 음식물을 소화시키며 장과 방광으로 배설을 해왔습니다. 또한 호흡을 하며, 심장은 쉴 새 없이 뜁니다.

예를 들어 1주일에 한 시간을 정해놓고 주위에서 일어나는 일상적인 변화를 의식적으로 인식해보세요. 여러 변화를 이처럼 의식적으로 인식하는 것이 자신에게 어떤 영향을 미치는지 평가해보십시오.

# 분별

양보할 수 있는 사람은 분별력 또한 갖추고 있습니다.

분별력 있는 사람은 하던 일을 잠시 멈추고 자신이 나아가야 할 방향을 심사숙고할 줄 압니다. 게다가 언제든 거리를 두고 자신을 객관적으로 바라볼 줄 알며, 자신의 생각을 독단적으로 관철하려 들지 않지요.

독일어로 분별력에 해당하는 단어인 베존넨하이트<sup>Besonnenheit</sup>에는 태양을 의미하는 존네<sup>Sonne</sup>가 포함돼 있습니다. 저는 이 두 단어가 어원적으로는 무관할지라도 내용상으로는 어떠한 연관이 있을 거라고 생각합니다. 태양은 모든 것을 비추며 그 무엇도 판단하지 않습니다. 우리가 어떤 사물이나 상황을 대할 때 선입견이나 판단 없이 바라보기만 해도 많은 문제가 저절로 해결되는 경우가 있지 않던가요?

당신을 짜증나게 하거나 분노하게 만드는 무언가를 떠올려볼까요? 그러고 나서 마음의 빛이 마치 태양처럼 이러한 '짜증'이나 '분노'라는 감정을 환하게 비춘다고 상상하십시오.

어떤 변화가 느껴지나요? 이전보다 더 많은 것이 보입니까? 이전과 같은 것을 보아도 달리 보이는지요? 어떤 기분이 드나요?

## 결단력과 고집

이 두 단어를 함께 묶은 이유는 고집을 좋지 않게 생각하는 사람들이 많아서입니다. 하지만 마음의 회복력이 강한 사람들은 마음먹은 것을 이루어내기 위해 필요한 만큼의 결단력과 고집을 갖고 있습니다.

결단력과 고집은 어찌 보면 앞에서 언급한 '양보'와 상반되는 것처럼 보입니다.

마음이 건강한 사람들은 이처럼 서로 상반되는 것들을 때에 따라 적절하게 사용할 줄 알며, 이러한 상반되는 것들이 실은 하나라는 사실을 알고 있습니다.

## ↪ 잠시 멈추고 돌아보기

이 대목에서 한 번쯤 서로 대조되는 몇 가지 개념을 찾아볼까요.

서로 대조되는 개념에는 밝은 것과 어두운 것, 낮과 밤, 여름과 겨울 그리고 양보와 고집 등이 있습니다.

이처럼 상반되는 개념이 유발하는 긴장감에서 생동감을 느낄 수 있습니까? 이러한 긴장감에 대해 궁금한 마음이 드는지요?

그렇다면 앞으로 당신이 이 중 한 가지에 집중할 때면, 이와 대조를 이루는 다른 한 가지를 떠올려보는 겁니다.

중국 철학에서는 이를 음양의 법칙이라 부릅니다.

## 생각의 틀 의식하기

너의 생각에 주의하라.

너의 생각이 말이 된다.

너의 말에 주의하라.

너의 말이 행동이 된다.

너의 행동에 주의하라.

너의 행동이 습관이 된다.

너의 습관에 주의하라.

너의 습관이 성격이 된다.

너의 성격에 주의하라.

너의 성격이 운명이 된다.

-《탈무드》중에서


이제 자신의 생각을 점검해보십시오. 당신이 처한 현재 상황이 얼마 동안 지속될 거라고 생각합니까? 한없이 지속될 것 같은가요, 아니면 어차피 지금 같은 상황이 올 거라는 것을 알고 있었습니까? 혹은 자신의 생각을 검토해보라는 권유 자체가 진부하게 느껴지나요? '왜 내 생각을 검토해봐야 한다는 거야?'라는 생각이 듭니까?

이런 여러 가지 생각은 우리 삶에 영향을 미칩니다. 우리가 무언가를 집중적으로 생각하면 그 생각이 실현될 가능성이 높아진다고 일반적으로 알려져 있습니다. 이런 일이 가능한 첫 번째 이유는 예언적 자기암시의 효과, 즉 자신이 원하는 것에 상대적으로 매우 집중하기 때문에 그 일을 실현할 가능성이 높아진다는 것이지요. 두 번째 이유는 물리학 이론을 차용한 것인데 어느 정도 타당성이 있어 보입니다. 생각이 에너지라고 한다면, 이 에너지가 어떠한 과정을 거쳐서 물질화할 수도 있다는 이론입니다. 이처럼 무언가를 집중적으로 생각하면 실현될 수도 있다는 생각이 타당한 것인지 당신의 경험을 바탕으로 검토해보세요.

이를 검토하기 위해 마치 놀이처럼 시도해볼 수 있는 연습 방법을 소개하겠습니다.

'앞으로 일주일 동안 날마다 나는 ……이다'라는 문장을 종이에 적어봅니다. 예를 들어 '일요일: 나는 행복하다, 월요일: 나는 슬프다, 화요일: 나는 화가 잔뜩 나 있다'고 적어보는 것입니다.

내일 아침부터 작은 카드에 위와 같은 문장을 적어놓고 하루 종일 손에 들고 다니는 겁니다. 자신이 적어둔 문장 내용에 집중하면서 낮 동안 시간이 날 때마다 떠올려보세요. 그러고 나서 저녁이 되면 하루를 되돌아보는 것입니다. 아침에 적은 문장이 실제로 영향을 미쳤습니까? 제 환자들에게 실험해본 결과, 항상 그런 것은 아니더라도 아침에 적어놓은 문장이 하루 동안의 기분과 일치했던 경우가 많았습니다. 어떤 환자는 자신은 오래 전부터 마음껏 화를 내고 싶었는데 마음이 불편해서 그러지 못하고 있다가 '나는 화가 나 있다'라고 카드에 적은 날 드디어 마음껏 화를 낼 수 있었다고 하더군요.

언제부터인가 당신은 자신을 부정적으로 생각하기 시작해 주눅 들고 의기소침한 상태로 지내왔을 수도 있습니다. 그처럼 부정적 생각을 하기 시작한 데에는 분명 이유가 있었을 겁니다. 상당수는 가까운 사람들의 의견을 그대로 수용해서 그렇게 생각하게 되는 경우가 많습니다. 하지만 과거에 그런 생각을 하기 시작한 합당한 이유가 있었다 하더라도, 당신이 원하지 않는다면 그 생각을 계속할 필요가 없습니다.

예를 들어 이러한 생각이 자신을 속박하고 불행하게 만든다는 것을 깨달아 이를 떨쳐버리고자 한다면, 당신은 당신의 생각을 바꿀 수 있습니다. 이를 위해 상담치료가 필요한 경우도 있지만 혼자 힘으로도 많은 것을 바꿀 수 있어요. 전해들은 바에 따르면 많은 사람들이 전문가와의 상담 일정을 기다리는 동안 제 책《치유력을 지닌 상상》을 읽고 스스로 변화를 시도한다고 합니다. 그러므로 당신도 원한다면 자신의 생각의 틀을 파악하고 이를 변화시키려 시도해볼 수 있습니다. 물론 이러한 시도를 한다고 해서 하루아침에 성공적인 변화가 일어나지는 않을 것이지만 꾸준히 노력하면 분명 멋진 성공을 거둘 수 있습니다.

다음의 질문을 통해 생각의 틀을 점검해보십시오.
1. 내 생각은 현실적인가?
2. 건강한 삶을 사는 데 그러한 생각이 도움이 되나?
3. 목표를 달성하는 데 그러한 생각은 도움이 되는가?

세 질문 중 단 하나라도 그렇지 않다는 대답이 나왔다면 '생각 카드'에 자신의 상태에 대해 지금까지와는 다른 문장을 적어봅니다. '긍정적으로 생각하기'가 아니라 '현실적으로 생각하기'로 변화를 시도해보세요. 현실적으로 생각하는 사람은 매사를 일반화하지 않고, 삶에는 서로 상반되는 요소가 공존한다는 사실을 알고 있으며, '항상' 혹은 '절대로'라는 말을 함부로 내뱉지 않습니다. 또한 자신의 강점과 약점을 파악하고 있으며 자신의 약점을 비난하지 않습니다.

생각을 점검한다는 것은 분명 생소한 일이 아닙니다. 지금까지 살아오며 이런저런 일에 스스로 질문을 던져본 적이 있지 않나요? 바로 그때 당신은 생각을 점검했습니다. 즉, 당신은 이미 첫 번째 발자국을 내디뎠던 것이지요.

# 변화시키기

이제 저는 당신이 지금껏 살아오며 분명히 무언가를 변화시킨 경험이 있었음을 기억나도록 하겠습니다. 다시 말해 당신은 무언가를 변화시킬 능력을 이미 갖추었으며, 이러한 자신의 능력을 알고 있습니다.

당신이 가장 먼저 떠올렸으면 싶은 것은 당신의 몸 안에서 무언가가 끊임없이 변하고 있다는 사실입니다. 예를 들어 숨을 들이쉬고 내쉴 때에도 지속적인 변화가 일어납니다. 그리고 심장이 뛰는 속도도 끊임없이 변하고 있습니다. 당신이 아무것도 하지 않아도 몸 안에서는 이처럼 많은 변화가 일어납니다. 노화 또한 저절로 일어나지요. 반면, 당신이 직접 적극적으로 변화를 일으키는 때도 많습니다. 당신이 몸의 자세를 바꿀 때마다, 이곳에서 저곳으로 갈 때마다, 자리에서 일어날 때마다, 침대에

들어갈 때마다 당신은 삶에서 무언가를 변화시키고 있는 중이
랍니다.

### ↪ 잠시 멈추고 돌아보기

살아오면서 무언가를 적극적으로 변화시킨 상황을 모두 적어봅
니다. 어딘가 새로운 곳으로 떠나본 적이 있나요? 낯선 곳으로
이사 간 적이 있습니까?

식사를 마치고 식탁에서 일어나거나 침대에서 일어날 때처럼 자
세를 바꿀 때에도 당신은 무언가를 변화시킵니다. 이 같은 행동
은 너무나 자연스러워서 아마도 지금 이를 엄연한 변화의 예로
강조하는 것이 당황스러울지도 모르겠습니다.

앞에서 전 새로운 것을 가르치려 들지 않을 거라고 약속한 바 있
습니다. 그래요, 당신은 이미 자신의 삶에서 많은 것을 끊임없이
변화시켜왔습니다.

이제 생각을 변화시키기에 앞서 무언가를 변화시키는 자신의 능
력을 찬찬히 살펴보십시오. 그러면 생각을 변화시키는 것이 훨씬
수월하게 느껴질 것입니다.

그러고 나서 '생각 카드'에 새로운 문장을 적어봅니다. 건강한 삶
을 살고 목표를 이루는 데 도움이 될 만한 현실적인 문장 말이지
요. 시간을 두고 천천히 작성하세요. 단, '긍정적인 생각'이 담겨
있는 문장이 아니라 현실적인 문장이어야 합니다. 칼 사이먼턴
Carl Simonton은 긍정적인 생각이 부정적인 생각보다 좋지만, 그보

다 좋은 것은 현실적인 생각이라고 말합니다. 현재 상황을 있는 그대로 인식하세요!

당신에게 현재 상황을 있는 그대로 인식할 능력이 있음은 이미 살펴본 바 있습니다. 칼 사이먼턴은 중증 암환자에게 치료에 도움이 될 만한 상황을 상상해보고 생각의 틀을 바꾸어보라고 독려함으로써 회복에 많은 도움을 준 의사입니다.

이처럼 사람들의 생각을 변화시키는 것을 목표로 하는 치료기관에서는 '인지행동치료'를 시행하고 있습니다. 당신의 생각이 스트레스나 자기비하나 두려움으로 가득할 경우, 이러한 치료기관에서 출간하는 다양한 자기 학습 서적의 도움을 받을 수 있답니다. 최근 들어서는 긍정심리학 분야에서 이러한 주제에 고무적인 이론을 다양하게 제시하고 있습니다.

↪ **잠시 멈추고 돌아보기**

생각을 변화시키기 위한 또 다른 방법은 자신의 생각 과정을 오랫동안 그저 관찰하는 것입니다. 즉, 무언가를 생각하는 순간 자신을 계속 관찰하고 무슨 생각을 하는지 또렷이 의식하는 것입니다. 이는 명상에 가까운 방법이며 제가 특히 선호하는 방법입니다. 다음과 같이 체크 리스트를 작성해 이를 실천해보십시오.

한 장의 종이 중앙에 세로로 한 줄을 내려 긋고, 한 쪽 칸에는 당신이 자신을 비하하는 생각을 할 때마다 체크 표시를 하고, 다른 한 쪽 칸에는 자신을 인정할 때마다 체크 표시를 하세요.

1주일이 지난 후 리스트를 평가합니다.

이를 4주 동안 지속하고 나면 분명 리스트에 변화가 있을 겁니다.

이런 결과가 발생하는 이유는 무엇일까요?

우리가 하는 행동 중 무언가를 분명하게 의식하고 지각하면, 그 행동을 더 이상 예전처럼 습관적으로 할 수 없으므로 그것이 변화할 가능성이 생깁니다.

다시 말해 무언가를 단지 또렷이 의식하고 지각하기만 해도, 변화를 위해 필요한 나머지 일은 거의 저절로 일어납니다.

당신에게 무언가를 분명히 의식하고 지각하는 능력이 있다는 것은 이미 살펴본 바 있습니다.

생각을 변화시키는 것과 관련해서 자신을 관찰하고, 언제든 가던 길을 멈추어 쉬어가기를 허용하는 것이 중요합니다.

사람들은 저마다 제각각이지요. 억척스럽고 적극적인 사람들은 스스로 나서서 무언가를 직접 착수해보기를 좋아하는 반면 어떤 사람들은 무언가 새로운 영감을 떠올리기를 좋아하고, 직접 나서기보다는 일이 자연스럽게 진행되도록 가만히 지켜보기를 선호하는 사람도 있습니다. 이 밖에도 글을 쓰고 그림을 그리고 춤을 추는 등 무언가를 표현해내는 것을 즐기는 사람도 있고, 모든 일을 극도로 정확히 재고 관찰해야 직성이 풀리는 사람들도 있고요.

이런 성향들은 어느 하나도 다른 것보다 낫거나 못하지 않습니다. 모든 길은 저마다 그 자체로 의미 있습니다. 이같이 다양한 길은 서로를 보완해주므로 이따금씩 생소한 다른 길을 걸어보며 새로운 기쁨을 체험할 수도 있습니다.

아마도 앞서 다룬 '행복을 위한 수단인 의식적인 기쁨'을 기억하고 있겠지요.

무언가를 할 때 기쁨을 느끼면 그 일을 하는 과정 자체가 훨씬 편안하고 쉽게 느껴집니다.

## 애쓰지 않기

삶이란 그저 힘들고, '고난이며 노동'에 불과하다고 생각하나요? 혹은 과거에 그러한 생각을 한 적이 있습니까? 그렇다면 당신으로 하여금 분명 삶을 그저 고난에 불과하다고 느끼게 했던 사건이 있었겠지요.

제 경우를 말하자면, 수십 년 동안이나 삶이란 그저 힘든 것이라고 생각했습니다. 그런 생각을 하고 있는 동안 제게 '애쓰지 않기'는 상상조차 할 수 없는 일이었습니다.

80년대 말 언젠가 저를 비롯하여 우리 팀 모든 구성원이 진행한 작업이 너무 어렵게 느껴진 적이 있었습니다. 우리는 이대로는 더 이상 나아갈 수 없다는 사실을 인정하게 되었는데, 그것이 변화를 위한 첫 걸음이었습니다. 그 무렵 우연히 책을 한 권 읽었는데 책의 주요 내용이 '애쓰지 않기'였습니다. 책의 메시지를 파악하는 순간 '아, 그렇구나, 이 세상에는 이런 것도 있구나'라는 생각이 들면서 머릿속이 갑자기 환해지는 것 같았지요. 제가 인위적으로 애쓰지 않아도 이 세상은 어떻게든 돌아가게 되어 있었어요. 저는 애쓰지 않기를 삶에서 자연스럽게 실천하는 것을 허용하겠다고 마음먹었습니다. 애쓰지 않기를 실천하기 위해 애쓸 수는 없는 노릇이니 말입니다!

저는 애쓰지 않기를 내 삶으로 초대하고, 마음속에 이를 위한 공간을 마련했습니다.

구체적으로 어떻게 공간을 마련했는지 궁금하지 않으신가요? 저는 애쓰지 않기라는 것을 마치 살아 있는 생물체라고 상상하고 '나에게 와서 내 곁에 머물러주렴' 이렇게 속삭였습니다.

지금에 와서 돌이켜보면 애쓰지 않기는 제가 자신을 위한 공간을 마련해주길 기다렸던 것 같습니다. 왜냐하면 곁에 와달라고 초대하자마자 바로 와주었으니 말입니다. 애쓰지 않기는 가벼운 발걸음으로 사뿐사뿐 찾아왔으며, 여러 친구들까지 데려왔습니다. '유머 감각'과 '기쁨', '웃음', '행복', '단순함' 그리고 '애쓰지 않고 사는 새로운 길을 알려준 많은 사람들' 등이 바로 애쓰지 않기가 제게 데려다 준 소중한 친구들입니다.

애쓰지 않기가 무엇을 의미하는지는 누구나 알고 있을 테니 굳이 설명할 필요가 없을 듯하군요.

중요한 것은 당신의 삶에 애쓰지 않기가 들어올 수 있도록 당신이 허용하는 것입니다. 이를 허용하고 나면, 아마도 마음속에 자리 잡고 있던 수많은 확신을 떨쳐내야 할 거예요. 마음이 내키지 않는데도 기존의 확신들을 떨쳐내느라 억지로 애쓰지는 말고, 그런 마음이 들 때까지 기다려야 합니다. 무언가를 떨쳐버리거나 작별해야 하는 적절한 순간이 언제일지는 분명히 알아차리게 될 테니까요.

# 단순함

'단순함'은 '애쓰지 않기'와 마치 자매와도 같습니다. 이 중 하나를 마음속에 들여놓으면 다른 하나는 저절로 따라옵니다.

삶에서 부딪히는 복잡한 문제들은 우리 스스로 복잡하게 만든 경우가 많습니다.

제가 컴퓨터로 작업하는 것을 힘든 일이라고 생각했던 것도 마찬가지였습니다. 컴퓨터 사용을 힘들어하며 엄두를 못 내고 있을 때, 아들과 조카들은 내게 컴퓨터 작업은 아주 단순한 일이라고 했습니다.

그 말을 듣고는 무척 화가 났지요. 컴퓨터 앞에서 완전 소심해 있는 내게 어떻게 그런 말을 한단 말인가! 저는 '뭐 그렇겠지, 너희같이 젊은 사람들에게는 아주 쉽고 단순하겠지'라고 생각했습니다.

결국, 마침내 컴퓨터 배우는 것을 더 이상 피하기 힘든 순간이 왔습니다. 그런데 이게 웬일인가요! 마음을 먹고 첫 걸음을 내디뎠더니 너무나도 쉽게 배울 수 있었습니다. 컴퓨터 사용은 아주 단순한 일이었더군요.

이제 저는 컴퓨터를 활용해 책을 쓸 수 있으며, 지금 이 책도 컴퓨터로 작업하고 있습니다. 이로써 과거와 비교하면 작업이 엄청나게 수월해졌습니다. 예전에는 책을 쓸 때마다 모든 문장을 불러주면 비서가 받아 적었고, 제가 그것을 수정하고 나면 비서가 본문을 처음부터 끝까지 다시 손으로 써내려가곤 했지요. 이 얼마나 복잡한 과정입니까! 반면 이제는 컴퓨터로 글쓰는 일이 전혀 힘들지 않고 즐겁습니다. 이는 변화를 위한 첫 걸음을 내디뎠기에, 즉 컴퓨터를 배우고 활용하겠다는 마음을 먹었기에 가능했던 겁니다.

처음에는 어렵다고 느꼈지만 시간이 가면서 (훨씬) 수월해진 일을 몇 가지 떠올려봅니다. 그 일이 예전보다 쉬워진 이유는 무엇인가요?

앞에서 제안했던 연습법을 다시 한 번 실천해보세요. 즉, 당신이 아무것도 하지 않아도 저절로 일어나는 일들을 떠올려보는 것입니다. 이런 일들 또한 단순함과 연관 있습니다. 이처럼 주위에는 아무런 노력을 하지 않아도 저절로 일어나는 일들이 너무나 많아요.

타인의 도움을 받아들이는 마음가짐 또한 삶을 한결 단순하게 만들어줍니다.

## 도움을 기꺼이 받아들이기

마음의 회복력이 강한 사람들은 다른 사람의 도움을 기꺼이 받는다는 특징이 있습니다. 이들은 스스로에게 모든 것을 혼자 힘으로 해내라고 요구하지 않습니다.

컴퓨터 사용법을 배울 때 저는 다른 사람들의 도움을 받기로 작정했지요. 저는 하드웨어와 소프트웨어 생산자들의 능력을 신뢰하며, 모든 것을 나 혼자 힘으로 해내야 한다고 생각하지 않습니다.

당신의 지인 중 모든 것을 혼자 힘으로 해내는 이가 있는지요? 빵을 직접 굽고, 옷과 신발을 직접 만들고, 자신이 사용할 전기를 직접 생산하는 사람 말입니다. 물론 이를 실천하고자 애쓰는 사람도 있겠지만 이들 또한 부분적으로는 타인에게 의존하며 살아갑니다.

제가 말하려는 것은 당신은 분명 어떤 식으로든 타인의 도움을 이미 받고 있다는 것입니다.

## ⮌ 잠시 멈추고 돌아보기

삶에서 타인의 도움을 받아야만 가능한 일을 모두 적어봅니다. 예를 들어 자동차를 운전하는 것 또한 타인의 도움이 있어야만 가능하지요. 당신이 타고 다니는 자동차를 만든 사람은 당신이 아니며, 자동차가 지나다니는 도로 또한 다른 사람이 만들었고 운전면허를 딸 때도 강사의 도움을 받았기 때문입니다. 자전거를 타는 것도 마찬가지입니다. 당신이 걸어 다니는 길 역시 다른 사람이 만들었습니다.

식료품이나 옷의 경우도 마찬가지입니다. 다시 말해서, 어쩌면 당신은 지금까지 타인의 도움을 허용하는 능력을 갖추었다는 것을 의식하지 못했을 뿐, 이미 타인의 도움을 받으며 살고 있었습니다.

마음의 회복력을 연구하는 학자들에 따르면 인간은 어려움에 직면하는 순간 타인의 도움을 받는 방법을 학습하고 연습하는데, 여기에는 당사자가 과거에 타인에게서 도움을 받았던 경험과 당사자의 자발적인 의지가 필요하다고 합니다(이와 관련된 감정적인 장애물과 이를 극복하는 방법에 대해서는 별도로 다루겠습니다).

사막을 지나 바다로 가고 싶어 하는 강이 있었습니다. 하지만 강이 모래 위를 아무리 빨리 흘러가도 모래 위만 지나면 강이 품고 있던 물기가 순식간에 흡수돼 온데간데없이 사라져버렸습니다. 그때 사막 어디에선가 목소리가 들렸어요.

"바람은 사막을 건너갈 수 있어. 강도 사막을 건널 수 있지. 단, 그러기 위해서는 바람에게 네가 가고 싶어 하는 곳까지 데려다 달라고 부탁해야 해."

"어떻게 바람이 나를 데리고 가는데요?"

"품고 있는 물을 바람에게 맡기면 된단다."

"지금 내 모습 이대로는 안 되나요?"

"지금 네 모습 그대로는 절대로 사막을 건너지 못한단다."

정체 모를 목소리는 이렇게 속삭였습니다.

"너에게서 가장 중요한 부분을 바람이 넘겨받아 옮겨다 주고, 때가 되면 다시 강이 되는 거야."

강은 자신이 품고 있던 물기를 바람의 팔에 내주었고, 바람은 이를 기꺼이 받아들여 가뿐하게 품고 하늘 높이 올라갔습니다. 이윽고 높은 산꼭대기에 이르자 바람은 품고 있던 물기를 부드럽게 산 아래쪽으로 흘러내려 보냈습니다. 그리고 땅 위에 닿은 물기는 어느 때보다 더 맑고 신선한 강이 되었습니다.

－수피즘에서 전해 내려오는 지혜

## 일상의 단순한 일들

이 세상에는 앞에서 얘기한 단순함 외에 또 다른 성격의 단순함이 있는데, 그것은 바로 소박한 일상의 단순함입니다.

이러한 단순함의 기쁨을 멋지게 표현하고 있는 힐데 도민[Hilde Domin]의 시를 소개하겠습니다.

자그마한 약초들이 땅을 가득 메운

시골로 가세

내가 원하는 것은 단단한 땅

수많은 녹색 식물의 뿌리가

매듭처럼 엮여 있어

마치 매트리스처럼 탄탄한 땅

나무를 톱으로 베고

돌을 쌓아

내 집을 지으려 한다네


새하얀 벽에는

석양이 비치고

우물 안에는

달빛이 비치는

작은 집

바다 위를 비출 때

부서지던 달빛을

우물 안에 고이 띄워 두어

내 얼굴을 비추어 볼 수 있는

작은 집

바람이 바쁜 사냥꾼처럼 스쳐가고

사과나무나 올리브나무가 곁에 있는

작은 집을 지으려 한다네

　－힐데 도민


　저는 환자들을 모아 놓고 각자의 어린 시절을 떠올려보고 행복했던 일에 대해 이야기를 나누곤 합니다. 그러면 환자들은 대부분 매우 소박한 일을 이야기합니다. 농가에서 보낸 첫 가족 휴가, 건초더미 속에서 신나게 놀았던 일, 사랑하는 사람(특히 항상 바쁜 아버지)과의 산책, 공놀이를 했던 일 등을 떠올리는 거죠. 이러한 기억들은 항상 감각과 연관된 강렬한 인상, 예를 들면 냄새와 몸의 움직임, 색깔, 소리와 함께 간직되어 있습니다. 이러한 기억들을 떠올리기 시작하면 환자들의 눈은 어느새 환하게 반짝이기 시작해요. 이러한 이야기들은 사실 그다지 '특별한 내용'은 아니지만 점점 더 많은 이야기를 함께 나눌수록 소중한 기억이 새록새록 떠오르며, 이들의 기쁨 또한 점점 더 커져갑니다.

# 게으름

이 소제목 때문에 어쩌면 때로는 게으름을 피워보라고 권유하는 것 같아 의아해할지 모르겠지만, 지금까지 인간 사회에서는 '게으름 찬가'를 부른 이들이 각 시대마다 존재해왔습니다.

사람들은 일반적으로 게으름을 바람직하지 못한 것으로 여기지만, 저는 때로는 제대로 '게으름'을 피우면 우리 영혼도 건강해진다고 확신합니다. 왜냐하면 가끔씩 게으름을 피우다 보면 마음속에서 무언가 새로운 것이 자라날 수도 있기 때문이지요.

독일과 위도가 비슷한 지역의 겨울은 자연이 일종의 게으름을 피우는 시기라고도 볼 수 있습니다. 세상에는 우리가 특별한 행동을 하지 않아도 여러 가지 일들이 일어납니다.

예컨대 이와 같은 게으름은 동화 속에서도 끊임없이 등장합니다. 동화 속에는 주인공이 '잠을 자고 있는 동안' 여러 일들이 일어납니다. 주인공이 무언가 어려운 과제를 풀기 위해 고민하고 있을 때면 그에게 도움을 주려는 존재가 나타나서는 '한잠 푹 자고 일어나렴, 그러면 모든 일이 잘 해결되어 있을 거야'라고 말하지요.

다시 말해 아무것도 하지 않고 게으름을 피우는 것은 '신뢰' 혹은 '내려놓기'와도 어느 정도 관련 있습니다.

### ⮌ 잠시 멈추고 돌아보기

한잠 푹 자고 일어났더니 혹은 하룻밤 사이에 문제가 저절로 해결돼 있던 적이 있나요? 이는 대부분 당신이 문제를 해결하는 것을 포기하고 '게으름을 피우며 아무것도 하지 않았기' 때문에 저절로 해결된 것입니다.

때때로 아무것도 하지 말고 게으름을 피우고, 그 결과를 평가해 보세요.

# 열정적인 참여

이는 바로 앞에서 살펴본 '게으름'과는 반대되는 개념입니다. 때로는 아무것도 하지 않는 것이 의미 있는 것처럼, 열정적으로 참여하는 것 또한 중요합니다. 마음의 회복력이 강한 사람들은 이상과 목표를 이루기 위해 삶에 열정적으로 참여합니다. 슈바이처Albert Schweitzer는 젊었을 때 품었던 이상이 시간이 가면서 환상에 불과하다는 생각이 들더라도 이를 포기하지 않는 것이 중요하다고 말한 바 있습니다.

**↻ 잠시 멈추고 돌아보기**

젊었을 때 품었던 여러 이상을 떠올려보고, 이 중 어느 하나라도 다시 추구해볼 수 있는지 검토해보세요.

당신의 오랜 이상을 다시 한 번 좇아가보면 어떨까요?

## 희망

만약 아무런 희망도 품고 있지 않다면 남의 도움을 받거나 무언가에 열정적으로 참여하는 것에도 아무 관심이 없을 것입니다. 희망이 없다고 여기는 사람은 이런 모든 일이 무의미하다고 여기기 때문이지요.

마음의 회복력이 강한 사람들은 희망을 포기하지 않습니다. 이에 대한 가장 유명한 사례가 바로 빅터 프랭클Viktor Frankl입니다. 그는 나치 강제 수용소에 수감되어 있을 때 경험한 일들을 나중에 사람들에게 전하는 장면을 상상함으로써 더없이 힘든 순간을 견뎌냈고, 자신이 상상했던 일을 훗날 실제로 실천했습니다.

많은 경우 희망은 '이성적인 지식에 저항하는 것'같이 보입니다. 얼마 전 한 여성이 자신의 이야기를 들려주었습니다. 그녀가 암에 걸려 건강이 무척 좋지 않았을 때의 일인데, 어느 날 갑자기 나중에 꼭 다시 예전처럼 춤을 추어야겠다는 생각이 들었답니다. 그녀는 갑작스럽게 든 생각에 무척 놀랐는데 그도 그럴 것이 당시 상황으로는 다시 춤추는 것은 '비현실적'인 소망이었기 때문이지요. 하지만 그러한 한 줄기 희망은 힘을 주었고, 그녀는 다시 건강을 되찾았습니다.

이렇듯 분명 희망은 믿음과 관계가 있습니다.

> 힘겨운 일이 있더라도 지치지 말고
> 기적에게 조용히 손을 내밀어보라.
> 날아다니는 새에게 손을 내밀듯
> 기적에게 조용히 손을 내밀어보라.
> ─힐데 도민

### ↩ 잠시 멈추고 돌아보기

지금까지 살아오며 주변 사람들이 아무 희망이 없다고 생각했는데도 불구하고 당신 홀로 희망을 포기하지 않았던 경험이 있는지 생각해보세요. 자신이 이처럼 희망을 포기하지 않는 능력을 갖추었다는 것을 깨닫고, 이를 기뻐하십시오.

# 겸허함

저는 타인의 도움을 기꺼이 받아들이기 위해서는 먼저 마음속에 겸허함을 지니고 있어야 한다고 믿습니다. 겸허함이라는 덕목은 유행과는 먼, 자기헌신 혹은 자기비하와 결부되는 경향이 있지만 반드시 그런 것은 아닙니다.

겸허하다는 것은 자신이 자신보다 더 큰 전체의 일부라는 사실을 알고 있다는 의미입니다. 다시 말해, 우리를 포함하고 아우르는 전체의 일부라는 사실을 깨달으면 저절로 겸허한 마음을 지니게 됩니다. 앞부분에서 인용했던 이야기에서 강이 바람의 품에 자신의 몸을 맡긴 것도 이와 같은 맥락입니다.

겸허한 마음을 지닌다는 것은 자신을 낮추고 드러내지 않는다는 의미가 아니라, 자신보다 더 큰 존재에게 자신을 온전히 맡길 수 있다는 의미입니다. 이처럼 큰 존재에 자신을 내맡기면 평안해지고 기쁨이 찾아옵니다. 한 번 실천해보세요.

겸허함과 겸손함은 밀접한 관계가 있습니다.

겸허한 마음을 지닌 사람은 자신이 모든 것을 혼자서 해낼 수 없으며, 끊임없이 다른 사람에게 의지하는 존재이며, 그렇기 때문에 우월함을 뽐낼 이유가 전혀 없다는 사실을 알고 있습니다.

## 자아와 인간관

타인의 도움을 허용할 것인지에 관한 문제는 자신을 어떤 존재로 여기고 있는지와도 깊은 연관이 있습니다. 즉 다른 사람들이 기꺼이 나서서 도와줄 정도로 자신을 가치 있는 존재라고 느끼는지와 연결되지요. 이와 관련하여 자신을 그만큼 가치 있는 존재로 여기지 않는 사람의 경우에는, 타인의 도움을 허용하면 본인의 가치가 떨어진다고 느끼는데 이는 매우 유감스러운 일입니다.

⮌ **잠시 멈추고 돌아보기**

당신이 스스로를 어떤 존재로 여기는지 분명히 파악해보십시오.

자신을 신이 창조한 소중한 존재라고 생각하나요?

혹은 자신은 아무런 쓸모가 없는 존재이며, 당신의 존재에 대해 아무도 관심을 두지 않는다고 생각합니까?

자신에 대한 당신의 생각을 모두 적어봅니다. 그러고 나서 종이에 적어 내려간 문장을 위의 기준에 따라, 즉 다른 사람들이 기꺼이 나서서 도와줄 정도로 자신을 가치 있는 존재로 느끼는지 검토해보세요.

이 대목에서 자신에 대한 집단적 관점 또한 개개인에게 영향을 미친다는 사실을 아는 것도 중요합니다.

어렸을 때부터 자신이 어떠한 자격도 없는 존재라고 배운 사람의 머릿속에는 그런 생각이 뿌리 깊게 박혀 있습니다. 인간에 대해 이와 유사한 견해를 취하고 있는 기독교 종파도 있습니다. 또한 인간은 스스로 구원할 수 없으며 오직 그리스도를 통해서만 구원받을 수 있다고 생각하는 이들도 있고요. 이 견해 또한 이런 믿음을 지닌 사람들에게 영향을 미칩니다. 오늘날까지 불리고 있는 오래된 교회 성가 중에 가사에 녹아 있는 인간상을 분석해보면 사람들로 하여금 용기를 잃게 하는 노래도 있습니다(물론 이와는 달리 부르는 이들에게 용기와 위로를 주는 교회 성가 또한 분명 존재합니다).

이러한 요소들은 우리 모두의 자아와 인간관에 영향을 미칩니다. 인간을 완벽한 존재로 바라보는 자아를 지니고 있으면 분명 더 나은 삶을 살아갈 수 있습니다.

그렇다면 도대체 누구의 말이 옳은 걸까요? 인간은 모두 무력한 존재라는 주장이 옳은가요, 혹은 우리가 깨닫지 못할 뿐 인간은 모두 부처라는 주장이 옳은가요?

인도에는 인간은 모두 본래 왕의 자녀였는데, 걸인으로 살겠다고 결심하고 살다가 자신이 왕의 자녀라는 사실을 잊어버렸다는 이야기가 전해옵니다. 어찌 보면 사람들은 가끔씩 꿈이나 동화로 이러한 사실을 떠올리는 것 같기도 합니다.

이 같은 여러 견해 중 어떤 것이 가장 마음에 와 닿는지요? 이들 중 어느 누구도 자신의 견해가 '진실'임을 100퍼센트 확실하게 증명하지 못합니다.

절대적인 진실은 인간에게는 차단돼 있어요. 우리는 항상 상대적 진실만 손에 쥐고 있을 뿐입니다. 우리가 자기 견해를 직접 형성해야 하는 이유도 바로 이 때문입니다.

**행복과 불행 중 하나를 선택하는 것은 인간의 손에 달려 있다.**

– 펄 벅

앞에서 살펴본 여러 견해 중에서 어느 것이 당신을 상대적으로 좀 더 행복하게 만드나요? 당신은 본래 여왕 혹은 왕인데, 자기 신분을 잊어버리고 살고 있다는 견해가 좀 더 마음에 드는지요, 혹은 당신은 아무런 자격이 없는 존재라는 견해가 와 닿는지요?

이런 말을 하는 저를 두고 어떤 이들은 지독한 현실주의자라고 할지도 모르겠습니다. 저는 그러한 의견에 반박할 수도, 반박하고 싶은 마음도 없습니다. 제 생각으로는 사람들은 여러 인간관 중에서 자신에게 맞는 것을 선택할 권리가 있으며, 아무런 자격 없는 불쌍한 존재로 여기는 인간관에 맞추어 사느라 자신을 괴롭힐 필요는 없습니다. 덧붙여 말하건대 불교적 관점만이 유일하게 인간을 행복하게 만들어준다고 생각하는 것은 아닙니다. 기독교의 종파 중에서도 빌리기스 예거Willigis Jäger가 신봉하는 신비주의적 교리 같은 경우에는 불교와 마찬가지로 사람들에게 많은 영감을 줍니다. 그러므로 많은 길 중에서 당신의 마음에 와 닿는 길을 찾아보세요! 중요한 것은 적어도 성년이 된 후에는 스스로에게 자아와 인간관을 정립할 자유가 있다는 사실을 분명히 자각하는 것입니다. 이러한 자유는 어느 누구도 빼앗아 갈 수 없는 당신의 고유한 권리입니다.

저는 다양한 영적 교리 중에서 인간에게 자유와 영감을 주는 것과 두려움을 야기하는 것을 분명히 구분합니다. 당신이 선택한 길이 당신에게 무엇을 가져다줄지 직접 검토해보십시오.

이쯤 되면 당신은 아마도 종교에 관해서는 왈가왈부하고 싶지 않다고 말할지 모르겠습니다.

설사 그렇다고 하더라도 당신은 이미 어린 시절에 형성된 특정한 신념을 지니고 있습니다. 따라서 저는 다시 한 번 당신에게 자아와 인간관을 정확히 살펴보기를 제안하렵니다.

**⤴ 잠시 멈추고 돌아보기**

어렸을 때 인간이라는 존재에 대해 어떻게 배우고 어떻게 생각했는지를 생각나는 대로 적어봅니다. 그러고 나서 자신이 지니고 있는 여러 확신을 앞에서 설명한 바 있는 기준에 따라 살펴보십시오.

현재 당신이 품고 있는 인간관은 어떤 모습인가요? 이 세상에는 그것 외에도 여러 가지 인간관이 존재한다는 사실을 숙고해보세요. 이러한 생각들이 당신에게 어떤 영향을 미치는 것 같습니까?

# 자기치유

자기치유라는 개념은 자아 인식과 깊은 연관이 있습니다. 인간은 누구나 태어날 때부터 자기치유능력을 갖고 있습니다. 즉, 자기치유능력은 별도로 배울 필요가 없는 능력입니다. 모든 창조물이 기적이듯이, 인간도 하나의 기적입니다. 창조물이 자신을 조절하는 것은 창조의 섭리며, 따라서 창조물의 일부인 우리 인간 또한 자기조절능력과 자기치유능력을 갖추고 있는 것입니다.

유감스럽게도 우리는 자기조절과 자기치유에 방해되는 일을 많이 합니다. 트라우마를 오랫동안 연구해온 피터 레빈Peter Levine 박사는 몸이 하려는 것을 하도록 허용하면 트라우마에서 상대적으로 빨리 회복할 수 있다고 합니다. 여기서 우리 몸이 하려는 행동이란 몸을 떠는 것과 우는 것을 들 수 있어요. 그런데 이런 경우 보통 어떻게 행동하나요? 우리는 몸을 떨거나 우는 것을 부끄럽게 여기며, 남 앞에서 이런 모습을 보이느니 차라리 신경안정제를 맞고 자신을 진정시키려 합니다. 하지만 이러한 선택은 좋지 못한 결과를 초래합니다. 이런 주사를 맞으면 몸의 자기조절 메커니즘이 중단되기 때문이에요. 열이 날 때 아스피린을 먹고 열을 떨어뜨리는 것과 유사한 처방인 것이지요. 몸에 열이 나는 이유는 체온이 38.5도 이상일 때만 생성되는 물질을 분비하기 위해서입니다. 이와 마찬가지로 몸이 떨리거나 경련을 일으키는 이유도 트라우마를 겪으며 한동안 경직돼 있던 몸을 풀어주기 위한 조치인 것입니다. 별도 조치를 취하는 등의 개입 대신, 몸이 자기치유를 하도록 놓아둔다면 건강과 관련된 문제는 아마도 지금보다 대폭 줄어들 것입니다.

수잔 위드는 '현명한 여성'의 치유법 원리가 매우 간단하다고 주장합니다. 해당 치유법에서는 먼저 어떠한 경험을 했든 그 경험이 당사자에게 어떤 유익함을 가져다줄 것인지 살펴본 후, 어떻게 하면 자기치유과정을 지원할 수 있을지를 고민합니다. 대부분 이러한 지원은 매우 간단한 방식으로 이루어지는데 예를 들면 약초를 사용하거나 손을 잡아주는 등 특정한 몸동작을 이용하는 방식으로 진행됩니다. 또한 '현명한 여성'의 치유법을 적용하는 동안에는 여러 가지 일을 한꺼번에 시도하지 않습니다. 시간이 가면 어떤 조치가 더 필요한지 점진적으로 알게 되기 때문입니다.

# 내적 치유자

자기치유능력은 내적 치유자라는 개념과 연관 지을 수 있습니다. 제가 담당한 많은 환자들은 내적 치유자라는 존재에게서 커다란 위안을 얻곤 합니다.

### ↪ 잠시 멈추고 돌아보기

잠시 시간을 내어 마음을 차분하게 만들어보십시오. 반드시 눈을 감을 필요는 없지만 마음이 내키면 눈을 감아도 좋습니다.

앉아 있는 곳에 집중해보세요. 몸과 닿아 있는 매트리스, 바닥, 의자, 소파를 느껴봅니다.

당신이 의식하고 있는 자아보다 더 차원 높은 지식과 의지가 이 세상에 존재한다는 사실을 생각합니다. 숨을 쉬도록 만들고 심장을 뛰게 하며 당신의 개입 없이도 수천수만 가지 일이 저절로 돌아가도록 만드는 무언가가 이 세상에 존재한다는 사실을 생각합니다.

그러고 나서 마음이 내키면 이러한 차원 높은 의지가 어떤 형체나 색깔, 소리, 느낌(예를 들어 바람이 부는 느낌 등)을 지니고 있고 당신이 질문하면 그 형체가 대답한다고 상상합니다. 그런 다음 오랫동안 마음속에 품어온 문제를 그 형체에게 질문합니다.

어떤 대답은 '말'이라는 형태로, 어떤 대답은 마음속에 떠오르는 그림과 같은 형태로 주어집니다. 때로는 일상생활 중에 겪게 되는 특정한 일이 당신의 질문에 대한 대답일 수도 있습니다.

내적 치유자에 관해서는 이미 많은 이들이 고찰하여 글을 쓴 바 있습니다. 하지만 과거는 물론 현재까지도 외적 치유자들은 마치 자신이 환자의 치유를 좌우하는 것같이 생각하고 행동합니다. 하지만 외적 치유자들이 할 수 있는 일이라곤 단지 내적 치유자가 작용할 수 있는 환경을 마련하는 것뿐이에요. 내적 치유자는 영적인 부분이나 생명 자체에 속하는 존재입니다. 외적 치유자가 내적 치유자와 긴밀한 관계를 맺을수록 외적 치유자가 작용할 가능성, 정확히 말하자면 작용하는 것같이 보일 가능성은 더 커집니다.

이런 생각을 염두에 두고, 이런 생각이 당신에게 영향을 미치도록 허용하세요. 그러기 위해서는 단지 이성에만 의지하면 안 됩니다. 하지만 그렇다고 이런 생각이 이성에 반하는 것 또한 아닙니다. 지혜로운 이성은 이 세상에는 내가 모르는 무언가가 존재한다는 사실을 알고 있으며, 하늘과 땅 사이에는 인간의 학식만으로는 이해할 수 없는 많은 것들이 존재한다는 사실 또한 압니다.

저는 인간이 오랫동안 괴로워하는 것이 신의 뜻이라고 생각하지 않습니다. '신'이 우리에게 자기치유능력을 부여해준 것도 인간이 괴로워하는 것을 원하지 않아서일 것입니다.

하지만 이를 믿으라고 강요할 생각은 추호도 없습니다. 단지 이런 견해에 대해 한 번 생각해보라고 권할 뿐입니다.

당신의 내면에 있는 나지막한 목소리가 모든 학식보다 우월한 지혜를 전해준다는 생각을 염두에 두고 생활해보세요.

지금까지 저는 많은 환자들에게서 마음속에서 들려오는 목소리에 대한 증언을 들었습니다. 그들은 조언해주는 목소리를 듣고 나서야 비로소 담당 의사 혹은 어떤 분야의 권위자의 말을 따르는 것이 옳다고 생각하게 되었으며, 또한 시간이 지나고 보니 내면의 나지막한 목소리의 조언을 따른 것이 옳았다는 이야기를 제게 들려주었습니다.

저는 의사들에게 거부감을 느끼고 있지는 않지만 스스로를 과대평가하는 의사들의 태도는 바람직하지 못하다고 생각합니다. 의사라면 겸허함까지는 아니더라도 겸손함 정도는 갖추는 것이 좋겠지요. 마치 의사의 손에 환자의 운명이 달렸다는 인상을 주는 것은 잘못입니다.

의사와 약사가 여럿 있는 집안에서 자란 덕에 저는 어렸을 때부터 치료하려는 사람은 의사지만 치유 여부는 신의 손에 달렸다는 말을 자주 들었습니다. 이는 파라켈수스<sup>Paracelcus</sup>(1세기 무렵 활동한 고대 로마의 명의 - 옮긴이)가 남긴 말입니다.

그리고 또 한 가지 중요한 사실은 나으려는 의지가 없는 사람은 절대로 치유되지 않는다는 것이에요.

의사들은 어떤 병이 호전되지 않을 때 반드시 그 치료법을 알아낼 수 있는 것은 아니라는 사실을 깨달아야 합니다. 인간의 이성은 병의 치료법을 알아내기에는 한계가 있습니다.

미국의 의사 래리 도시<sup>Larry Dossey</sup>는 이와 관련해서 '병든 환자'와 '건강한 환자'에 대해 언급한 바 있습니다. 그가 말한 '건강한 환자'란 통증은 계속되고 있지만 근본적으로 보면 '치유가 진행되고 있는' 환자를 가리킵니다.

'현명한 여성'의 치유법에서는 이 세상의 모든 일이 나선형으로 진행된다고 강조합니다. 다시 말해서 무엇이든 일단 출발선을 지나면 다시 출발 지점으로 돌아올 수 없으며 끊임없이 새로운 발전 과정을 겪는다는 것입니다. 이러한 관점에서 볼 때 질병 또한 인간에게 필요한 '영양분'을 공급해줄 수 있다는 생각에는 중요한 의미가 있습니다.

## ⤿ 잠시 멈추고 돌아보기 ❶

질병을 앓고 난 후 놀랄 만큼 긍정적인 방향으로 변한 사람을 본 적이 있는지요?

인간은 질병을 앓으면서 얼마나 많은 것을 배울 수 있을까요? 예를 들면 인내하는 법, 즉 바쁜 시대 속에서 평온하게 사는 법을 배울 수 있을 것입니다.

제 경우에는 열심히 사느라 무리할 때마다 몸이 약간 찌뿌듯해지면서 '루이제, 이제 좀 쉬어야지'라는 목소리가 마음속에서 들려오는데, 이제 이런 경험에는 얼마간 익숙해졌습니다. 몸이 고열로 펄펄 끓을 때, 마치 다른 차원의 세계로 옮겨 온 듯한 체험을 해본 적이 있습니까? 이러한 현상은 스스로 '만들어낼' 수는 없지만 한 번쯤 해볼 만한 경험이라 하겠습니다.


## ⤿ 잠시 멈추고 돌아보기 ❷

지금까지 앓았던 질병 중 기억나는 것을 모두 기록해보고, 이런 질병이 당신에게 어떤 '영양분'을 주었는지 자기 자신에게 물어보십시오. 어떤 병을 앓고 나서 당신의 행동이 달라졌다면 이는 그 병을 앓으면서 삶에 필요한 영양분을 섭취했다는 방증입니다.

또한 병에 걸려 있는 동안에도 우리는 그로 인해 많은 것을 얻습니다. 예를 들어 병에 걸려 누워 있는 동안 평소에는 받아보기 힘든 커다란 관심을 주위 사람들에게 받곤 하지 않던가요.

## 죄와 죄책감

많은 이들은 질병이 죄와 연관 있다고 생각하며 질병을 일종의 벌이라고 여기기도 합니다. 이와 비슷한 맥락에서 기독교 교리에는 인간의 죄에 대한 하나님의 벌이 등장합니다. 일상생활에서도 누군가가 병들면 우리는 그가 몸에 해로운 음식을 먹었거나 핸드폰을 지나치게 많이 사용하는 등 무언가를 잘못해서 병이 난 거라고 말합니다. 덧붙여 말하자면 독일인들은 건강에 좋지 않은 음식을 '먹는다'는 표현을 '죄를 짓는다sündigen'로 바꾸어 사용하기도 합니다.

성경에는 예수가 환자를 치유하고 나서 다시는 죄를 짓지 말아라(요한복음 5:14-옮긴이)라고 말하는 대목이 나옵니다. 적어도 우리가 오늘날 읽는 성경번역본에는 이렇게 적혀 있습니다 (물론 성경에는 이 외에 예수가 아무런 조건도 제시하지 않고 환자를 치유한 이야기도 매우 많습니다).

만약 자신이 행한 일 그리고 행하지 않은 일이 결과를 낳는다는 사실만 분명히 해둔다면, 죄와 죄책감 때문에 우리의 머릿속이 이처럼 복잡하지는 않을 겁니다. 자신이 행한 일이 결과를 초래한다는 사실을 분명히 해두면 죄책감을 느끼는 대신 책임을 지면 되지요. 행동에 책임을 지면 '그런 행동은 하지 않는 건데'라고 생각하게 될 것이고, 우리는 이러한 자신을 '용서할' 수 있습니다. 책임진다는 것은 자신이 한 일 혹은 하지 않은 일을 모두 온전히 인정하며, 그로 인해 발생하는 모든 결과를 떠맡겠다는 것을 의미합니다.

이 대목에서 당신에게는 매우 많은 능력이 있다는 점을 다시 한 번 기억나도록 해야겠습니다.

이번에는 지금까지 살아오면서 당신이 책임졌던 일을 떠올려볼까요.

### ⤴ 잠시 멈추고 돌아보기

죄책감을 느끼고 있는 일과 관련하여 죄책감을 느끼는 대신 책임을 지면 어떨까요? 다른 사람의 행동에 당신이 죄책감을 느끼는 경우 당신이 대신 책임질 수 있을지를 생각해보는 것입니다(예를 들어 나치 시대에 당신의 부모 혹은 조부모가 행한 행위를 당신이 대신 책임질 것인지 같은 것 말이죠).

인간은 본래 타인의 행위를 책임질 수 없기에, 당신 또한 다른 사람이 행한 일을 대신 책임질 수 없다는 사실을 깨닫는다면 어떤 기분이 들까요?

연구 결과에 따르면 마음의 회복력이 강한 사람들은 의도치 않게 당한 일에 대해 죄책감을 느끼지 않는다고 합니다. 물론 이들도 대부분 처음에는 죄책감을 느낍니다. 예컨대 불의의 사고를 당한 경우 처음에는 '내가 뭘 잘못한 걸까?'라고 생각하지만, 얼마간 시간이 지나면 '내가 할 수 있는 일은 했다'라고 인정한다는 것이지요.

이 말은 당신에게 누군가가 나쁜 일을 하거나 홍수와 같은 불행이 닥칠 때, '더 이상 나 때문이라고 말하지 말자, 살다 보면 이런 일도 있지, 너무나도 끔찍한 일이야, 슬퍼서 어찌할 바를 모르겠어……, 하지만 받아들여야지'라고 자신에게 말하는 것입니다.

아마도 성경에 나오는 욥의 이야기를 알고 있을 겁니다. 욥은 '선하게' 살면 나쁜 일이 생기지 않을 거라고 생각했습니다. 그래서 끔찍한 일이 일어났을 때 욥은 하나님께 책임을 돌립니다. 또한 하나님께 자신이 무얼 잘못했는지 묻습니다.

제가 이해한 바로는 욥은 하나님이 '만물'이라는 사실을 깨닫고 나서 결국 하나님의 섭리에 복종합니다.

자신이나 남에게 책임을 돌리더라도 힘든 상황은 아무것도 달라지지 않습니다.

욥의 이야기와 관련하여 만약 그가 항상 선하게 살려고 노력하는 대신 가끔씩 '나쁜 일'을 했더라면 삶은 좀 더 즐거웠을 것이고, 삶이 부여한 무거운 짐을 다소 쉽게 감당할 수 있었을 거라는 이단적인 생각을 해볼 수도 있겠습니다. '선한' 사람들 중에는 '불평으로 가득 차 있고' '위선적으로' 보이는 이들도 많거든요.

### ⮌ 잠시 멈추고 돌아보기

당신이 생각하는 죄를 '실수' 혹은 '착오'로 대체해보면 어떤 일이 일어날까요? 그렇게 되면 무엇이 바뀔까요? 다른 문화권에서는 우리가 말하는 죄를 죄라는 말 대신 착오라고 말하기도 합니다. 만일 당신이 생각하는 죄를 착오라고 말하면 당신에게는 어떤 변화가 있을까요? 그러면 당신은 '나쁜' 사람이 되는 걸까요?

많은 이들은 인간의 원죄를 의식하며 사는 것을 우리 문화권, 즉 기독교 문화권의 특징이라고 합니다. 이러한 사고방식 때문에 당신이 어떤 대가를 치르며 사는지 한 번 생각해보세요. 이러한 사고방식은 절대적 진리가 아니며, 우리는 절대적인 진리가 무엇인지 알지 못합니다.

이러한 죄의식과 구별해 이 대목에서 강조하고 싶은 것이 하나 있습니다. 그것은 바로 잘못된 행동을 후회하고 타인에게 상처를 준 경우, 자기 잘못을 사과하는 행동은 절대적으로 바람직하다는 것입니다(예를 들면 '그때 내가 네 말에 제대로 귀 기울이지 못해서 미안해, 이제 그런 행동은 하지 않을게'라고 말하는 것은 무조건 바람직합니다).

만약 인간의 원죄라는 것 자체에 의문을 품는다면 당신에게 어떤 변화가 일어날까요?

이러한 의문이 자존감에는 또 어떤 영향을 미치게 될까요?

이 문제에는 어떤 해답도 없으며 단지 한 번 문제를 제기해본 것뿐임을, 아마도 당신은 잘 알고 있을 겁니다.

죄에 대한 개념을 강력히 주입시키는 것은 유일신을 믿는 권위적인 종교들의 특징입니다. 그 이유는 무엇일까요? 그것은 진정 발전적인 것일까요?

설사 죄를 인식하고 인정하는 것 자체는 좋은 일이라 하더라도 죄책감을 느끼며 산다는 건 결코 바람직하지 않습니다.


죄책감은 대체로 정신 건강에 해롭다고 알려져 있지만, 때로는 당사자를 보호하는 역할을 할 수도 있습니다. 물론 이런 경우에도 결코 건강한 보호라고는 할 수 없습니다. 죄책감은 무엇보다 무력감에 빠지지 않도록 보호해줍니다. 우리가 자신이나 타인에게 죄를 묻는다는 것은 이미 일어난 일을 돌이킬 여지가 있다는 말입니다. 즉, 이처럼 무언가 변화의 여지를 생각하는 한 우리는 무력감을 느끼지 않을 수 있습니다. 따라서 죄책감은 무력감에 빠지지 않기 위한 매우 중요한 보호 장치일 수 있습니다.

하지만 언젠가는 자신의 힘으로는 어쩔 수 없는 상황이 있다는 사실을 인정할 수밖에 없습니다.

**↻ 잠시 멈추고 돌아보기**

어떤 상황에서 당신 마음에 죄책감이 드는지 종이에 적어봅니다.

만일 당신에게 죄책감이라는 것이 없다면 어떤 기분이 들지 생각해보세요.

마음이 가벼워질 것 같은가요? 혹은 슬퍼지거나 무력감이 들 것 같은가요?

슬픔과 무력감이 마음속에 침범하지 않도록 죄책감이 자신을 보호하는지 점검해보십시오.

아직 이런 방식으로 스스로를 보호할 필요가 있는지 자신에게 물어봅니다.

때때로 사람들은 타인의 잘못 때문에 죄책감을 느낍니다. 부모는 자녀들의 잘못에서, 자녀들은 부모 때문에 죄책감을 느낍니다. 예컨대 독일의 많은 전후 세대들은 부모들이 저지른 잘못 때문에 평생 죄책감을 느끼며 살아왔습니다. 이처럼 타인을 대신하여 죄책감을 느낀다고 해서 과연 그 죄가 없어질 수 있을까요? 이에 대한 대답은 분명 '아니다'입니다. 타인을 대신해 아무리 죄책감을 느낀다 한들, 그 사람의 죄는 없어지지 않습니다.

다른 사람의 죄 때문에 대신 죄책감을 느꼈던 적이 있습니까?

당신이 대신 죄책감을 느낀 덕분에 무언가 개선된 것이 있나요?

당신의 마음을 치유해주었습니까?

그러한 행동이 타인에 대한 일종의 의리라고 볼 수 있을까요? 다른 방식으로 의리를 표현할 수는 없을까요?


제가 존경하는 동료 귄터 슈미트Gunther Schmidt 박사는 죄책감을 매우 재치 있는 방식으로 다룹니다. 하이델베르크에 위치한 그의 연구소 문 앞에는 '저희는 종류와 크기에 상관없이 모든 죄책감을 구입합니다. 죄책감을 넘기고자 하시는 분은 언제든 저희를 찾아주십시오'라고 적혀 있습니다.

당신의 죄책감을 경매에 붙여 가장 높은 가격을 제시하는 사람에게 판매할 수 있다고 상상해봅니다. 죄책감을 내어 주는 대신 얼마를 받을 생각인가요? 죄책감을 금으로 환산해 팔겠습니까? 당신의 죄책감은 얼마큼 가치가 있을까요?

이런 생각에 슬그머니 미소가 지어진다면 앞으로도 계속 이런 생각을 하십시오. 혹은 죄책감이라는 심각한 문제에 말도 안 되는 농담을 한다는 생각에 화가 난다면, 그것 또한 좋은 생각입니다.

# 선 긋기

죄책감을 집중적으로 다루다 보면 '선 긋기'라는 주제와 마주하게 됩니다.

살면서 겪는 힘든 일들은 타인의 영역을 침범하는 것과 연관돼 있는 경우가 많습니다. 즉, 우리는 누군가가 신체적·심리적 선을 침범할 때 힘들어합니다. 이럴 때 자기 영역을 보호하려는 마음이 생기는 것이니까요.

선을 긋기 위해서는 항상 어느 정도의 수고와 노력이 필요합니다.

제 경우에는 '우리가 이렇게 지구라는 곳에 모여 살고 있으니 타인과 나를 구분하고 선을 그을 기회도 있는 것이지, 그렇지 않다면 어디에서 이런 경험을 할 수 있겠어?'라고 생각하면 한결 편안한 마음으로 분명히 선을 그을 수 있습니다. 나와 남

사이를 분명히 구분하는 경험을 해보면 남과 하나가 되어 어우러져 사는 것이 얼마나 소중한지 깨닫게 됩니다.

이러한 점을 감안하면 선을 긋고 나와 남을 구분하는 행위를 긍정적으로 받아들여야 하며, 그 과정이 쉽지 않더라도 주어진 상황에서 최선의 결과를 만들어내야 합니다.

개중에는 남보다 훨씬 수월하게 '선 긋기'하는 사람이 있다는 것을 당신도 느낀 적이 있을 겁니다.

### ⮌ 잠시 멈추고 돌아보기

앞으로 일정 기간 동안 당신이 어떤 것과 관련해 선 긋기를 잘 수행하는지 관찰해보세요.

어떤 조건에서, 누구를 상대로 선을 긋는 것이 수월합니까? 어떤 상황에서 그러한가요?

또 다른 사람들은 어떻게 하는지를 관찰해보는 것도 좋습니다.

다른 사람들에게서 무언가 배울 만한 점이 보이나요? 혹은 선 긋기와 관련하여 당신이라면 절대로 하고 싶지 않은 행동을 찾아냈나요?

### 연습

반지름이 당신의 팔 길이 정도인 원 모양의 빛 가운데 서 있다고 상상해봅니다. 이 원 옆에는 또 다른 원이 있습니다. 두 원은 서로 스칠 정도로 가까이 있지만 겹치지는 않습니다. 두 번째 원 모양의 빛 가운데에는 다른 사람이 서 있습니다. 원 모양의 두 빛은 당신과 다른 사람을 각각 보호해주는 역할을 합니다. 이러한 상상은 특히 타인과의 관계에서 선을 그음으로써 그에게 상처를 줄까봐 걱정하는 이들에게 큰 도움이 됩니다. 이 연습법은 분명한 선으로써 각자의 영역을 분명히 하는 행위가 당사자뿐만 아니라 타인의 영역 또한 보호해준다는 것을 시각적으로 이해시키기 때문이지요.

이제 상상을 좀 더 심화시켜볼까요. 이번에는 파란색 불이 들어오는 손전등으로 두 원을 비춘다고 상상합니다. 우선 파란색 손전등으로 다른 사람의 원의 경계를 비춰 정확히 파악한 다음 자기 원의 경계를 비추어보세요. 파란색을 비추면 당신과 다른 사람을 각각 보호해주는 원 모양의 빛의 성능이 좀 더 강화됩니다. 타인과의 관계에서 분명한 선을 긋기가 힘들게 느껴질 때마다 이 연습법을 적용해보세요. 전화할 때 낙서를 하는 버릇이 있다면 이 연습법을 적용할 수 있습니다. 누군가와 전화할 때 두 개의 원을 그려놓고, 상대방에게는 그만의 빛이 있고 당신에게는 당신만의 빛이 있어 서로 자신의 영역이 보호받고 있음을 상기하십시오.

이 연습법은 필리스 크리스탈Phyllis Krystal의 책《내면의 족쇄를 부수어 버리기》의 내용 중 일부입니다.


'선 긋기'와 관련하여 제 많은 환자들이 중요하게 여기는 문제는 부모님과 선을 그어도 되는가, 부모님의 초대를 거절해도

될까, 크리스마스 때 부모님을 찾아뵙지 않아도 되나, 하는 것들입니다.

안타깝게도 많은 가정에서는 의존과 집착을 사랑과 혼동하는 경향이 있습니다. 많은 어머니들은 자녀가 어렸을 때부터 말이나 행동으로 '네가 너만의 길을 가면 엄마가 슬퍼진단다'라는 메시지를 주입하며, 이런 주입을 받으며 자라난 자녀는 자신의 길을 가려고 시도할 때마다 어머니에게 죄책감을 느낍니다. 이렇듯 인간이 느끼는 죄책감은 대부분 가족 관계에 기인하는 것 같습니다. 최근에는 어린아이들에게 분명한 선을 정하고 이를 알려주어야 한다는 것이 육아의 키워드가 되고 있습니다.

이러한 주장에는 일리가 있습니다. 저는 이 외에 또 다른 형태의 선 긋기, 즉 (성인이 된) 자녀들이 부모에게 분명한 선을 그어야 한다는 것 또한 중요하게 여겨왔습니다. 정신적인 문제가 있는 사람 중에는 부모에게 지나치게 의존하는 이들이 많은데, 특히 부모가 의존적 관계를 부추기는 사례도 많지요.

어찌 보면 모든 사람이 각자의 위치에서 부모 혹은 자녀로서 애정 어린 태도로 선 긋는 연습을 해야 합니다.

'애정 어린 태도로 선을 긋는다'는 말은 자신의 행위를 존중하는 동시에, 이 행위가 타인에게 불편한 마음을 유발할 수 있음을 이해하는 것입니다. 사람들은 이러한 유형의 이해를 공감이라는 말로 표현합니다.

분명히 선을 긋는 것은 투지와도 얼마간 연관 있습니다.

## 투지

투지는 분노의 건강한 이면입니다. 우리는 살면서 무언가를 변화시키고, 누군가 혹은 무언가로부터 '방해받지' 않기 위해서 모든 힘을 기울입니다. 더 나아가 목표와 원하는 바를 이루기 위해 확신을 갖고 투쟁하는데, 이러한 태도는 우리에게 힘을 줍니다. 이렇게 힘을 얻고 나면 우리는 힘차고 단호하게 타인과 자신을 구분 짓는 선을 정하고 이를 지킬 수 있습니다.

누군가 내 고유 영역을 침범했거나 침범하려 했을 때 어떤 기분이 들었는지 떠올려보세요. 당신은 어떤 반응을 보였습니까? 체념했나요, 혹은 상대방이 지나치게 가까이 접근했을 때 당신이 원하지 않는다는 사실을 당신만의 방식으로 상대방에게 분명히 전달했나요?

당시 상황을 다시 한 번 생생하게 떠올려보고 당신이 분명히 선을 긋는 장면을 상상해보십시오. 당신은 분명 상대방을 배려하면서도 그것을 수행할 수 있습니다. 예를 들면 '지금 네가 나와는 다른 걸 원하고 있다는 걸 알아. 그리고 지금 내 말이 불쾌하리라는 것도 알고. 하지만 나 역시 네 바람대로 하는 것이 쉽지 않아……' 라고 말할 수 있을 것입니다.

## '아니요'라고 말하기

타인과 분명한 선을 긋기 위해서는 우선 '아니요'라고 말할 수 있어야 합니다. 마음의 회복력이 강한 사람들은 감당할 수 없는 일에 대해서는 '아니요'라고 말합니다. 자신에게 해로운 사람이나 해로운 일에는 '아니요'라고 말하는 것이지요.

때로는 자신이 감당할 수 있을지 없을지 직접 경험해봐야 알 수 있을 때가 있습니다. 단, 감당하기 힘들다는 사실이 드러나면 자신에게 해로운 것을 분명히 차단하는 것이 중요합니다.

자기에게 해로운 것에 대해서는 절제나 금욕을 실천하십시오.

## ↻ 잠시 멈추고 돌아보기

지금까지 살아오면서 당신이 의도적으로 중단한 일이 있는지요?

혹은 무언가에 대해 '아니요'라고 말하는 것이 바람직함을 느껴

자신이나 타인에게 '아니요'라고 말한 적이 있습니까?

당시의 상황을 다시 한 번 정확하고 생생하게 떠올려보세요. '아

니요'라고 말하기 위해 동원했던 당신의 능력을 모두 기억해보는

겁니다.

지금까지 한 번도 그런 적이 없다는 생각이 들면 이제 첫 걸음을

떼어봅니다. 지금 당신이 멀리 해야 할 상황은 어떤 것인가요? 어

떻게 하면 이를 실천할 수 있을까요?

이를 실천하기 위해서는 어떤 도움이 필요하겠습니까? 또 당신이

매여 있는 상황에서 벗어나려면 어떤 도움이 필요할까요?

우선은 수월한 것부터 내려놓기 시작하고, 얼마간 연습이 되고

나면 이려운 상황을 시도해보십시오.

## '예'라고 말하기

항상 '아니요'라고 말하는 것 또한 항상 '예'라고 말하는 것과 똑같이 바람직하지 않습니다. 즉, 이 두 가지가 균형을 이루는 것이 중요하단 말이지요. 지난 수십 년간 심리학자들은 인간에게 가장 중요한 가치를 자율성이라고 생각했기 때문에 '아니요'라고 거절하는 것을 지나치게 강조해왔습니다.

오늘날 심리학자들은 이를 다른 시각으로 봅니다. 인간에게 연대감은 자율성과 마찬가지로 중요한 가치입니다. 따라서 필요한 경우에는 '예'라고 말하는 것 또한 중요합니다. '예'라고 말하는 것은 사랑하는 이들을 마음을 다해 받아들이고, 우리와 남들의 약점을 수용하고 삶을 긍정하는 것이기 때문입니다.

이와 관련해 명상가 틱낫한Thich Nhat Hanh은 이런 연습을 권하고 있습니다. 한 발자국을 뗄 때 '삶을 긍정하자'라고 말하고 또 다

른 발자국을 떼면서 '삶에 감사하자'라고 말하며 차분한 마음
으로 길을 걸어보는 것입니다.

### ⮌ 잠시 멈추고 돌아보기

앞으로 며칠 동안 당신은 어떤 상황을 긍정하는지 살펴보십시오.
어떤 물건과 어떤 사람, 어떤 상황에 '예'라고 말하며 긍정하는지
요? 어떤 상황에서 조금도 망설임 없이 '예'라고 말할 수 있던가
요?

확실하게 '예'라고 말하지 못하고 말끝을 흐리는 경우는 얼마나
자주 있습니까? 의식적으로 '예'라고 말하며 긍정한다면 어떤 변
화가 있을까요?

## 공감과 동정

이미 경험했듯이 상대방과 공감하는 것은 매우 좋은 일입니다.

공감이란 상대의 기분을 알고 충분히 이해하는 것입니다. 동시에 공감할 때의 나는 지금 내가 느끼는 것이 내 감정이나 고통이 아니라는 사실 또한 알고 있습니다. 또한 타인의 고통으로 빠져들어 가지 않을 만큼의 적정 거리를 유지함으로써 자기 감정을 조절할 수도 있지요. 타인의 고통으로 빠져들어 가 헤어나오지 못하는 것은 타인을 동정할 때 흔히 일어납니다.

독일어에서는 동정<sup>Mitleid</sup>과 공감<sup>Mitgefühl</sup>이라는 두 개념이 동의어처럼 사용될 때가 많습니다. 제 경우에는 이 둘을 분명히 구분하고 각 단어의 본래 의미로 사용하는 것이 많은 도움이 되었습니다. 저는 타인의 고통을 자기 고통과 동일시하지 않는 상태에서 타인과 공감하는 것이, 타인의 고통을 자신의 것과 동일시하는 것보다 훨씬 바람직하다고 생각합니다.

서구 문화권에서는 인간이 자신에게 공감한다는 개념 자체를 존재하지 않는 것으로 보며, 이보다는 타인을 공감하는 데 초점이 맞춰져 있습니다. 이러한 관점은 우리 시각을 협소하게 만들며 아마도 오랜 시간이 지나면 유지되기 힘들 겁니다. 제 생각에는 이런 시각보다는 공감이란 애초부터 자신을 대상으로 한다고 전제하는 관점이 훨씬 타당한 것 같습니다. 즉, 자기 자신을 공감할 수 있어야만 타인에게 공감할 수 있다는 뜻이지요.

좀 더 폭넓은 내면의 자유를 얻기 위해 첫 걸음을 내딛고 싶다면 가장 먼저 당신 자신에게 공감하는 것부터 시작하십시오.

## ⮌ 잠시 멈추고 돌아보기

지난 며칠 동안의 일 중 힘들었던 한 가지를 떠올려보고, 그때 어떤 기분을 느꼈는지 생각해봅니다. 그 순간의 기분을 최대한 정확히 다시 느껴보세요. 그 순간의 당신과 지금의 당신이 마주보고 있다고 상상하면서 그 순간의 당신을 따뜻하게 안아주면서 '네 기분이 어떤지 잘 알아. 많이 힘들었겠다'라고 말해줍니다. 힘들었던 상황과 관련해 아무것도 미화하지 말고, '상처받은 자아'의 고통을 온전히 받아주고 위로하는 것에만 집중하십시오.

그러고 나서 이와 같은 방식으로 자신과 만나보니 어떤 기분이 드는지 평가해보는 겁니다. 이로써 마음이 편안해졌다면 앞으로도 이러한 방법으로 자신과 자주 만나세요.

이 같은 방식으로 자신을 대하다 보면 또 하나의 부수적인 이점을 얻게 됩니다. 그것은 바로 타인의 관심에 덜 의존하게 된다는 것입니다. 사람들이 항상 내게 관심을 기울여주고 항상 나에게 공감할 수는 없는 노릇이므로 이처럼 자신에게 스스로 관심을 기울이고 공감하는 것은 바람직합니다. 한번 실천해보세요.

# 자비로운 마음

자비로운 마음은 공감과 깊은 연관이 있습니다.

마음의 회복력이 강한 사람들은 자신과 타인에게 자비로운 태도를 보입니다. 이들은 자기 약점을 알고 있으며 그것을 미화시키지 않고 있는 그대로 인정합니다. 또한 이들은 인간이라는 존재 자체가 본래 불완전하며 모든 사람들이 이 때문에 괴로워한다는 사실을 압니다. 자비로운 마음이란, 근본적으로 사람들은 악의가 없다고 간주하며 모든 사람은 결국 행복과 안녕을 열망한다고 가정하는 것입니다.

자비로운 마음은 타인을 비판하는 마음과 정반대되는 개념입니다.

**↱ 잠시 멈추고 돌아보기**

혹 자신이나 타인을 비판하는 마음이 생기려 할 때 자비로운 마음을 지닐 수 있는지 시험해보십시오.

그렇게 해보니 어떤 기분이 들던가요?

타인을 비난할 때와는 기분이 어떻게 달랐습니까?

# 온기

자신이나 타인에게 자비로운 마음을 품으면 우리 가슴이 따뜻해집니다.

따뜻한 기운은 힘을 주며 마음의 회복력 또한 자라나도록 도와줍니다. 마치 따뜻한 비를 맞으면 식물의 씨가 순식간에 싹을 틔우는 것과 마찬가지죠.

당신에게는 얼마간의 온기가 편안한가요? 어떤 이들은 뜨거운 정도를 좋아하며, 어떤 이들은 지나치지 않을 만큼의 온기를 편안해합니다. 일반적으로 여성이 남성보다 좀 더 많은 온기를 필요로 하고요.

**↻ 잠시 멈추고 돌아보기**

지금 이 순간 충분한 온기를 느끼고 있는지 살펴보십시오. 좀 더 따스한 온기를 느끼려면 무엇을 해야 할까요? 보일러를 높여야 하나? 이불을 덮어볼까? 따뜻하게 데운 물주머니를 끌어안고 있을까?

혹은 지금 이 순간 지나치게 뜨거워 불편한가요? 적절한 온도로 조정하려면 어떻게 해야 할까요?

창문을 열어야 할까? 찬물로 샤워를 할까?

당신이 쾌적하게 느끼는 적절한 온도를 조성하기 위해 첫 걸음을 내디뎌봅니다.

쾌적한 온도에 이르면 마음 또한 따스해지며 창의력과 상상력도 자라난답니다.

## 연대감

마음의 회복력이 강한 사람들을 대상으로 한 모든 연구에서 타인과 강한 연대감을 지닌 사람은 어려운 일을 겪고 난 후 회복하는 능력 또한 뛰어나다는 결과가 나왔습니다. 이들은 자신의 삶이 모든 이들의 삶과 연결돼 있다는 사실을 알고 있으며, 이런 인식을 바탕으로 타인과 우정도 쌓아갑니다.

또한 이들은 공동체 내에서 할 수 있는 일을 찾아 적극적으로 참여하며 정의를 실현하기 위해 노력하지요. 의식적으로 책임을 감당하면 연대감이 생기고 연대적 행동을 하기가 한층 쉬워집니다. 이에 대해서는 앞에서 이미 이야기한 바 있습니다.

## ⮌ 잠시 멈추고 돌아보기

지금까지 누군가 혹은 무언가를 위해 적극적으로 행동한 적이 있는지 생각해봅니다.

그때 어떤 기분이었나요? 기분 좋았습니까? 왠지 뿌듯해지던가요?

그때의 경험이 좋았다면, 이를 다시 반복할 수 있을지 생각해보십시오.

그러한 경험이 한 번도 없었다면 지금 첫 걸음을 내디뎌봅니다.

즉, 열정을 다해 지지하고 싶은 무언가가 있는지 생각해보세요.

그 대상을 상대로 연대감을 경험해본 다음 결과를 평가해보십시오.

# 마음의 그림과 상상력

타인이나 어떤 프로젝트에 최선을 다하고자 할 때 자신의 행동이 세상을 조금 더 밝게 만드는 데 기여한다고 상상해보면 힘이 납니다. 이제 제가 좋아하는 주제인 '마음으로 그리는 그림'에 대해 이야기해보겠습니다.

저는 수년간 환자들에게서 놀라운 이야기를 많이 들었습니다. 모두가 마음으로 그리는 그림이 얼마나 삶을 충만하게 만들어주었는지에 관한 이야기들입니다.

어떤 이들은 치료를 받으러 올 때부터 이미 마음으로 그림을 그리는 것에 능숙한 상태였으며 상상력 또한 뛰어났습니다. 반면, 어떤 이들은 마음으로 그림 그리는 것을 힘들어했지만 실천해본 결과 유익했다며 자신의 경험을 이야기해주었지요. 마음을 치유해줄 만한 장면을 자꾸 떠올리려고 끈기 있게 노력했더니, 그것 때문에 삶이 많이 변했다는 것이었습니다.

시각적 사고를 하기 위해서는 연습이 약간 필요합니다. 이를 위해 가장 먼저 할 일은 시각적인 언어를 사용하는 것, 즉 시각적인 심상을 사용해 당신이 전하려는 메시지를 전달하는 것입니다. 지금껏 살면서 이미 당신은 '무언가의 모습을 그대로 머릿속에 담는' 연습을 수없이 해왔기 때문에, 시각적인 심상을 사용해 메시지를 전달하는 것이 그다지 어렵지는 않을 겁니다.

이처럼 시각적인 언어를 사용할 수 있는 사람, 집에 있지 않아도 집의 모습을 기억할 수 있는 사람은 무언가를 상상할 수 있는 능력을 지닌 사람입니다. 그렇다고 해서 마치 한 편의 영화를 보듯 완벽한 그림을 마음속으로 그려낼 필요는 없습니다. 그러한 능력자는 우리 중 단지 40퍼센트 정도에 불과하니까요.

16세기 이후 서양의 학계는 남성적인 사고가 지배적이었는데, 이러한 시대적 조류 때문에 오래전부터 질병을 치유하는 데 '상상'이라는 요소를 활용해온 여성들의 치료 활동이 금지됐습니다. 인간의 상상을 통제하기가 힘들다는 이유 때문이었는데 이는 얼마간 일리가 있습니다. 교회에서도 사람들이 마음대로 상상해 그림을 그리지 못하도록 금지시켰고 교회가 지정한 그림만 허용했습니다.

위대한 의사 파라켈수스는 인간의 상상을 치료법의 주요 요소라고 여겼습니다.

마음으로 그리는 그림은 인간을 실제로 자유롭게 만들어줍니다. 또한 당신을 어디로든 데려다주며 어떤 일이든 할 수 있게 해주죠.

상상력을 발휘해 누군가 혹은 무언가가 당신을 도와준다고 상상해보십시오. 플라시보 효과, 즉 약리학적 효과는 없지만 심리적 효과가 있는 위약을 연구하다 보면, 인간의 상상력이 약제나 의학적 시술의 효과를 강화시킨다는 결론을 내릴 수 있습니다. 이런 점에서 볼 때 인간에게 영향을 미치는 것은 믿음이 아니라 상상력입니다.

그림을 사용해 시각적으로 생각하고 말하면 좌뇌와 우뇌가 동시에, 즉 총체적으로 활성화하기 때문에 창의력이 높아집니다.

상상력은 그림에만 반영되는 것이 아니라 음악과 몸짓을 통해서도 나타납니다. 당신의 다양한 감각 중 어떤 부분이 발달되어 있는지에 따라 그림 외에 소리나 몸의 움직임, 촉각을 이용해서도 생각할 수 있습니다.

마음으로 그리는 그림에는 많은 이야기가 담겨 있답니다.

이와 관련해 자주 인용되는 예는 프루스트Marcel Proust의 장편소설 《잃어버린 시간을 찾아서》에서 스완이 마들렌을 먹는 에피소드입니다. 그가 마들렌, 즉 바닐라 향이 나는 작은 과자를 차茶 속에 담근 순간, 잊힌 줄만 알았던 수많은 기억이 깨어나지요.

## ⮌ 잠시 멈추고 돌아보기

가장 좋아했던 동화를 기억하나요? 어렸을 때 좋아했던 옛날이야 기와 그림책, 음악, 운동, 냄새를 기억합니까? 만약 그러하다면 이 들과 얽혀 있는 경험들이 마음속에서 생생하게 되살아날 정도로 온 정신을 집중해 기억해보세요. 기분이 어떤가요? 좋아졌습니 까?

앞에서 이야기한 프루스트처럼 당신도 감각 채널을 통해 아름다 운 기억들을 되살릴 수 있습니다. 예를 들어 지난번 휴가 때의 즐 거운 추억도 가능하지요.

이런 멋진 기억들은 당신에게 힘을 주는 원천이며, 당신은 지금 까지 생각했던 것보다 훨씬 자주 이러한 힘의 원천을 이용해 새 로운 힘을 얻을 수 있습니다.

현재의 삶이 힘들어 지칠 때면, 아름다웠던 시절의 기억이 새로 운 힘을 불어넣어줄 것입니다. 때로는 아름다운 추억을 다른 사 람들에게 이야기하면 좀 더 힘이 나기도 합니다. 이는 기쁨을 나 누면 배가 되는 원리 때문입니다.

당신은 얼마나 자주 소중한 기억을 떠올리며 사나요? 사진이나 동영상을 찍는 것도 바로 훗날 소중한 기억을 떠올리기 위해서가 아닌가요? 지난번 휴가를 떠올리며 흐뭇한 미소를 지었던 것이 생각나는지요?

# 상상력 활용하기

앞날을 계획할 때에도 상상력을 활용하십시오. 비전을 품고 미래의 일들을 그려보세요. 사물을 현실적으로 예측하는 능력 또한 활용하세요. 마음의 회복력이 강한 사람들은 앞날을 계획합니다. 이들은 삶에 나쁜 일만 있는 것도, 좋은 일만 있는 것도 아니며, 항상 나쁜 일과 좋은 일이 공존한다는 사실을 압니다. 미래를 내다보는 계획을 세우는 것은 상상력과 연관이 있습니다. 프로이트 Sigmund Freud는 이를 프로베한델른 Probehandeln (가상시도 혹은 시뮬레이션에 해당하는 독일어 - 옮긴이)이라고 불렀습니다. 무언가 어려운 일을 계획하고 있다면, 다가올 일을 생각뿐 아니라 역할 놀이를 이용해 계획해보면 도움이 될 것입니다.

이처럼 상상력을 활용해 앞날을 준비하는 것이 어떤지 검토해보십시오. 아무 준비도 하지 않았던 다른 때와 차이가 있습니까?

## 비전

사람들은 비전을 품을 때 상상력을 활용합니다. 모든 감각을 동원해 상상할 때 특히 활기찬 비전이 정립됩니다. 그러면 마음속으로 좀 더 생생하게 비전을 체험할 수 있으며, 비전이 현실이 될 가능성 또한 훨씬 커집니다.

저는 몇 년 전부터 직업적으로 상담 활동을 하느라 지친 심리치료사들을 대상으로 여러 강좌를 진행하고 있습니다. 강좌를 시작할 때마다 이들에게 가장 먼저 자기 내면에 존재하는 지혜와 접촉해볼 것을 권유하지요. 이에 따라 참가자들은 내적 지혜의 도움을 받아 자신의 비전을 구상해봅니다.

책의 앞부분에서 내적 치유자에 대해 언급한 바 있었지요. 내적 지혜는 내적 치유자와 매우 가까운 관계이며 어쩌면 이 둘은 동일한 존재일 수도 있습니다.

이제 당신의 내적 지혜를 만나기 위해 이렇게 첫 걸음을 내디뎌볼까요.

어떤 이는 내적 지혜와 만나고 싶다고 마음속으로 요청하기만 해도 저절로 접촉할 수 있습니다.

반면, 우선 마음속으로 그림 그리는 과정을 거쳐야 내적 지혜와 만날 수 있는 이들도 있습니다. 이제 이와 관련하여 다음과 같은 연습을 제안합니다.

### ⮕ 잠시 멈추고 돌아보기

산책을 하고 있다고 상상해봅니다. 정해진 목적지는 없습니다. 길을 걷다 보니 아주 예쁜 정원이 보입니다. 마치 누군가 안으로 들어오라고 손짓하는 것같이 느껴집니다. 활짝 열려 있는 정원 문이 눈에 들어오네요. 안으로 들어가 보니 더할 나위 없이 아름다운 정원이 눈앞에 펼쳐져 있습니다. 이름다운 정원과 가지각색의 꽃, 새들의 노랫소리, 향긋한 꽃내음 덕에 당신의 마음은 기쁨으로 가득합니다. 당신은 충분한 시간을 내어 이 아름다운 정원을 천천히 여유롭게 돌아봅니다. 한참 걷다가 정원 한가운데에서 집 한 채를 발견합니다. 누가 사는 집인지 궁금해졌습니다. 알고 보니 그 집에는 덕망과 지혜를 갖춘 노인이 살고 있습니다. 당신은 노인을 찾아가 함께 이야기를 나누고 싶어집니다.

이와 같이 상상 속에서 산책을 하다 보면 어쩌면 노인이 아니라보기 드물게 표정이 밝은 어린아이를 만날 수도 있습니다. 당신은 그 아이가 특별한 지혜를 지닌 아이라는 것을 알아봅니다. 어떤 이들은 이 아이를 신의 아이라고 부르기도 합니다.

어쩌면 노인도 아이도 아닌 완전히 다른 모습을 지닌 이를 만날 수도 있습니다. 모습이 아무리 다르더라도 당신이 만난 존재는 역시 특별한 선함과 지혜로 빛날 거예요.

상상 속에서 노인을 만나든 어린아이를 만나든, 이들이 바로 당신의 내적 지혜입니다.

내적 지혜는 오래전부터 당신을 기다리고 있었으며, 드디어 당신이 찾아온 것을 기뻐합니다. 이들은 언제라도 곁에서 기꺼이 당신을 도와줄 거예요. 하지만 이들은 당신 의사와 상관없이 당신을 만나려 하지는 않습니다. 내적 지혜를 만나기 위해서는 당신이 먼저 이들을 초대해야 합니다(이 조건을 충족시킬 수 있는 사람은 오로지 당신뿐입니다).

이제 다음과 같이 두 번째 걸음을 내디뎌봅니다.

앞의 과정을 거쳐 내적 지혜를 만났다면, 이제는 그 도움을 받아 당신의 비전을 구상해볼 수 있습니다. 예컨대 직업이나 인간관계 등 특별한 상황에 대한 비전과 삶 전체를 위한 비전을 구상할 수 있지요. **비전을 구상하고 있는 동안에는 비전의 현실성에 대해서는 검토하지 않는 것이 중요합니다.** 현실성을 검토하기에 앞서 당신의 비전과 관련해 떠오르는 모든 아이디어, 모든 생각, 모든 그림, 모든 소망을 검토해보십시오.

비전에 충분히 집중했다고 느껴지면 내적 지혜와 작별하고 조금 전 걸어왔던 길을 되돌아가서 정원 밖으로 나오세요.

정원 안에서 당신의 내적 지혜와 함께 구상해본 비전이 충분히 무르익을 수 있는 시간을 주는 겁니다. 아직은 여전히 현실성을 검토할 때가 아닙니다.

몇 시간 혹은 며칠 후 현재 당신의 현실이 비전에 부합하는지 검토해보십시오.

**꿈을 꾸는 인간은 신이고, 생각을 하는 인간은 거지다.**

– 프리드리히 횔덜린Friedrich Hölderlin

제 생각에 여기에서 '꿈을 꾼다'는 것은 깨어 있는 상태로 상상을 하거나 비전을 품거나, 자신의 내면에 존재하는 소중한 존재와 접촉하는 것을 의미합니다.

이제 당신의 꿈을 적극적으로 실현하기 위해 할 수 있는 일이 무엇인지 살펴볼까요. 어쩌면 당신이 할 일은 작은 걸음을 여러 번 내딛는 것일 수 있습니다. 중요한 것은 자리에서 일어나 꿈을 향해 길을 나서는 것입니다. 길을 걷다 보면 수많은 내적·외적 장애물을 극복해야 할 수도 있습니다.

비전을 실천하기 위해 가장 효과적인 방법 중 하나는 비전이 이미 현실이 된 것처럼 행동하는 것입니다.

**마치 현실이 된 것처럼 행동하기**: 아마도 지금 당신은 '마치 현실이 된 것처럼 행동하기'에 회의를 느끼고 있을지 모르겠습니다. 저 역시도 '마치 현실이 된 것처럼 행동하기'가 항상 가능하다고 주장할 생각은 없지만, 아마도 이를 실천할 수 있는 가능성은 당신이 생각하는 것보다는 높을 것입니다.

누군가를 매우 싫어한다고 가정해볼까요. 이런 경우 사람들은 대부분 그 사람이 얼마나 형편없는지를 자신과 타인에게 계속 이야기하다가, 그와 마주치고 나서는 자기 말이 옳다고 다시 한 번 확신합니다. 이 경우 그의 좋은 면은 보려 하지 않지요. 만일 아무 편견 없이 그를 아주 정확히 살펴보면 그에게도 이런저런 좋은 점이 있음을 확인하게 될 텐데 말입니다. 하지만 일단 누군가를 습관적으로 싫어하는 경우라면 그 사람의 좋은 면은 더 이상 보이지 않기 마련입니다.

이 대목에서 다음과 같은 실험을 해봅니다. 그다지 좋아하지 않는 사람을 대할 때 마치 매우 장점이 많은 사람을 상대하듯이 대해보십시오. 4주 후, 그와의 관계에서 변화가 생겨났는지 평가해봅니다.

우리는 무언가에 대한 확고한 의견이 우리에게 지대한 영향을 끼친다는 사실을 잘 압니다. 유감스럽게도 이 경우 우리 의견은 극히 바람직하지 못한 방향으로 영향을 끼칠 때가 많습니다. 이런 부작용을 예방하기 위한 한 가지 방법은 주어진 상황을 객관적인 눈으로 인식하는 것입니다.

또 다른 방법은 우리가 어떤 사람을 부정적으로 생각하고 있음에도 불구하고 마치 여러 가지 좋은 면이 있는 사람을 상대하듯 그를 대하는 것입니다. 혹은 우리가 세상을 부정적으로 보고 있다 해도 마치 이 세상을 아주 좋은 곳으로 여기고 있는 것처럼 행동하는 겁니다. 이는 살면서 힘든 일을 많이 겪은 사람들에게는 매우 어려운 일입니다. 이들에게는 이 세상이 좋은 곳이 아니기 때문이지요. 물론 이들의 생각은 옳습니다. 그리고 어쩌면 이런 생각을 고수하는 편이 이들에게는 바람직할 수도 있어요. 이렇게 생각하고 있으면 무엇이든 지나치게 쉽사리 믿지 않게 되는 이점도 있기 때문이지요. 하지만 이 세상을 좋은 곳이 아니라고만 생각하면 자신을 지나치게 제한해버리는 단점도 있습니다. 이럴 때 시험 삼아 이 세상을 상당히 좋은 곳이라 여기는 것처럼 행동해보세요. 정확히 말하자면 이 세상은 좋은 곳이기도, 험악한 곳이기도 하니까요. 마음의 회복력이 강한 사람들은 삶을 미화하지 않습니다. 하지만 이들은 대체적으로 삶의 밝은 면에 초점을 맞추고 집중합니다.

'마치 현실이 된 것처럼 행동하기'는 자기기만이 아닙니다. 모든 사람과 모든 상황에는 밝은 면과 어두운 면이 공존하기 때문입니다. 누군가를 싫어할 때 우리는 그가 지닌 어두운 면만 주로 인식하고 나머지 밝은 면은 외면하는 셈입니다.

**정확히 바라보기**: 주어진 상황을 정확히 바라보기, 즉 주어진 상

황을 어떤 선입견이나 편견 없이 정확히 인식하는 연습이 되어 있으면 상대에게 이런 면과 저런 면이 모두 있다는 사실을 깨닫게 됩니다. 어떤 이를 마치 사랑스러운 면이 가득한 사람인 듯 상대하면, 그가 이미 지니고 있었지만 미처 보이지 않았던 다른 면이 보인답니다.

어떤 상황에서든 마치 내게 매우 유리한 상황을 만난 듯 행동하면 상황은 진짜 유리하게 흘러갈 가능성이 커집니다. 엄밀히 보면 실은 오래전부터 알아주기만 기다리고 있던 이러한 기회를, 우리가 뒤늦게 인식한 것뿐이거든요.

제 말이 믿어지지 않으면 편견이 개입되지 않은 당신의 경험을 믿고 한번 시도해보십시오.


**다시 당신의 비전에 대해**: 비전을 품는다는 건 마치 씨앗을 뿌리는 것과 마찬가지입니다. 당신도 알다시피 이 씨앗은 커다란 나무를 품고 있습니다.

하지만 나무가 되려면 우선 씨앗이 자라날 수 있어야 하는데 이를 위해서는 매우 다양한 조건이 필요합니다. 어떤 씨앗은 햇빛이 가득하고 비가 많이 내리는 비옥한 토양에서 잘 자랍니다. 하지만 모든 식물이 그런 것은 아니어서 어떤 씨앗은 비옥한 토양보다는 모래 많은 땅에서 잘 자라며, 심지어 서리를 한 번 맞아야 잘 자라는 씨앗 등 여러 종류가 있습니다.

당신의 비전 실현에 필요한 조건은 친구의 비전 필요조건과는 많이 다를 수 있습니다.

분명히 염두에 두어야 할 매우 중요한 사실은 바로 비전과 관련된 여러 일들이 당신의 생각과는 아주 다른 시기에 전개되고 발전해갈 수 있다는 점입니다. 여기서 또다시 우리보다 훨씬 높은 차원의 의지가 개입합니다. 그 의지가 개입하지 않는 한 비전이 실현되는 시기를 앞당길 수 없습니다. 제가 경험한 바로는 어떤 일이 생각처럼 진행되지 않은 경우, 시간이 지나고 되돌아보면 그때 계획대로 흘러가지 않았던 것이 결과적으로는 제게 더 유익했음을 매번 깨닫곤 했습니다. 하지만 그 상황에 (붙들려) 있을 당시는 이런 사실을 인식하기 쉽지 않으며, 원하는 대로 삶이 전개되지 않아 화낼 때가 많았습니다(이처럼 화를 낸다고 삶이 달라지진 않지만, 제 경우 화내고 나면 이따금 속이 시원해지기는 했습니다).

만일 우리에게 모든 것을 통찰할 능력이 있다면, 실상 그러기는 불가능하지만, 어떤 비전이나 소망이 훗날 불행을 가져다줄지 금방 알아차릴 수 있을 것입니다.

세 가지 소원을 이룰 기회가 주어졌던 부부에 관한 옛날이야기를 들어본 적 있는지요? 남편이 말한 소원이 형편없다고 생각해 화가 잔뜩 난 부인은 자신도 모르게 저 멍청한 남자 코에 소시지가 달라붙었으면 좋겠다고 말해버리지요. 부인의 소원은 즉시 이루어졌고, 따라서 부인은 남편 코에 달라붙은 소시지가 떨어지게 해달라는 세 번째 소원을 말할 수밖에 없었습니다.

## ⮌ 잠시 멈추고 돌아보기

과거에 품었던 소망을 모두 적어보고, 그 소망들이 이루어졌는지 살펴보십시오.

그런 뒤 지금 이 순간 그 소망들을 어떻게 생각하는지 살펴보세요. 소망들이 이루어졌더라면 좋았을까요? 현실로 이루어진 소망의 경우는 어떻게 생각되나요? 이러한 소망을 품었던 것을 후회합니까?

거의 모든 사람들은 현실로 이루어진 소망 중 일부는 이루어지지 않았더라면 더 좋았을 거라고 생각합니다. 또한 생각이 부족해 무언가를 원했고, 그 때문에 전혀 원하지 않은 결과가 초래되었다고 생각하지요.

마음의 회복력이 강한 사람들은 자기 운명을 쓸데없이 오랫동안 원망하지 않지만, 그렇다 해서 불행한 운명 때문에 치솟는 화를 꾹꾹 눌러 참지도 않습니다.

어떤 소망이나 비전이 이루어지지 않은 경우, 결과적으로 보면 이루어지지 않는 편이 더 나았기에 이루어지지 않은 것일 수도 있어요.

소망과 관련해 또 다른 측면을 살펴보자면, 삶은 소망을 자주 들어주지만 때로는 우리가 생각했던 것과는 완전히 다른 방식으로 들어준다는 것입니다. 이는 염두에 두어야 할 매우 중요한 사실입니다.

이야기 하나를 해볼까요.

한 남자가 강가에 살고 있습니다. 이름은 한스라고 해둡시다. 어느 날 큰
홍수가 발생해 한스의 집이 강물에 잠기고 말았습니다. 때마침 한스를 구
하기 위해 사람들이 찾아왔지만 그는 하나님이 구해주실 거라면서 사람들
을 따라가지 않았습니다. 강의 수위가 점점 높아지자 이번에는 그를 구하
기 위해 보트 한 대가 왔지요. 하지만 이번에도 한스는 하나님만 바라보며
보트를 그냥 보냈습니다. 마지막으로 헬리콥터가 왔지만 그는 여전히 하
나님이 구해주기만 기다렸어요. 결국 한스는 물에 빠져 목숨을 잃고 맙니
다. 하늘나라에 간 한스는 하나님에게 왜 자신을 구해주지 않았느냐고 묻
지요. 그러자 하나님은 이렇게 대답합니다. "나는 너를 구하기 위해 사람
들도 보내고 배도 보내고 헬리콥터도 보냈단다……."

## ⤴ 잠시 멈추고 돌아보기

소망을 적은 목록을 다시 읽어 내려가면서 한스와 비슷하게 행동
한 적이 없었는지 되짚어봅니다.

환자들은 제게 특정한 사람에게 품었던 바람이 이루어지지
않은 이야기를 많이 합니다. 그런데 이들은 그 사람 이외에 다
른 사람들과 가까워질 기회가 자신에게 있었다는 사실은 간과
합니다. 그들은 특정한 방식으로 소망이 이루어지기만 기대했
기 때문에 자신에게 주어진 다른 많은 기회를 인식하지 못한

것입니다.

마음의 회복력이 강한 사람들은 자신에게 주어지는 여러 기회를 차분히 검토합니다. 이들은 그 기회를 무턱대고 포기하지 않고 철저하게 검토한 후 생각보다 유익한 기회가 아니라는 결론이 나야만 비로소 포기합니다.

이들은 기회를 포기하고 나서도 '내가 했더라면······' 하고 스스로 한탄하지 않으며, 오히려 '시도해본 건 잘한 일이야. 그래도 무언가 배운 것이 있잖아'라고 생각합니다.

### ↪ 잠시 멈추고 돌아보기

살아오는 동안 무언가를 시작했는데 지나고 보니 그 일이 내게 이롭지 않았다는 것을 알게 된 적이 있습니까? 그 경우 스스로 어떤 자책도 하지 않고 하던 일을 내려놓을 수 있었는지요? 당신이 시작한 일이 자신에게 바람직하지 않다는 사실을 담담하게 받아들인 적이 있습니까? 어떻게 그럴 수 있었습니까? 그때 당신 자신과 그 상황을 어떻게 생각했나요?

그때의 상황과 자신을 비난했던 다른 상황을 비교해볼까요.

어떤 차이가 있었는지요? 둘을 비교해보니 어떤 교훈을 느끼게 되나요?

많은 사람들은 '뭘 하든 어차피 아무것도 되는 게 없어'라고 생각하면서 아무 비전도 품지 않습니다. 만약 당신이 이런 생각을 하고 있다면 소원이 이루어질 확률은 매우 적습니다. 마음속에 두려움이 있으면 다른 것들이 힘을 쓸 수 없기 때문입니다.

### ⤴ 잠시 멈추고 돌아보기

소망 목록을 다시 한 번 살펴봅니다. 당신은 정말로 온전히 소망이 이루어지기를 기대했습니까? 혹은 그런 건 어차피 이루어지지 않을 거라는 두려움을 느끼고 있었나요?

무언가를 소망하면서 그것이 이루어지지 않을 거라는 두려움을 함께 품고 있으면 두려워하던 결과가 나타날 때가 많습니다. 우리가 소망보다 두려움 쪽으로 에너지를 더 많이 쏟기 때문입니다.

무언가를 소망하는 경우, 무엇보다도 용기와 믿음을 지니고 '온 마음을 다하여' 원하는 것이 중요합니다. 즉, 당신의 비전이 현실이 되길 바란다면 용기와 믿음을 지녀야 하는 것이지요.

용기란 자기 소망이 초래하는 결과를 짊어질 준비가 되어 있다는 것이며 '에이, 그냥 하지 말까봐'라면서 주저하지 않는 것을 의미합니다.

주저하는 것이 나쁜 건 아닙니다. 다만 용기를 내지 못하고 주저하기만 하면 손해를 볼 수밖에 없으며, 일단 결정한 일에 대해서는 다른 사람이나 운명에 책임을 돌릴 수 없다는 사실을 아는 것이 중요합니다.

비전이 현실이 되기 위해서는 두 가지가 필요합니다. 하나는 우리가 할 일, 즉 비전을 이룰 수 있는 조건을 마련하는 것이고, 다른 하나는 우리보다 높은 차원의 의지가 개입하는 것입니다. 우리는 높은 차원의 의지를 믿고 우리의 소망을 맡길 수밖에 없습니다.

마지막으로 용기와 관련하여 릴케가 젊은 시인에게 보낸 편지 중 한 문장을 소개합니다.

어쩌면 살면서 맞닥뜨리게 되는 모든 사나운 용들은 우리의 멋진 행동과 용기를 시험하려는 공주님일 수도 있다.

이 책에는 용기라는 단어가 자주 나옵니다. 여기에서 용기란, 첫 걸음을 내딛고 때로는 지금까지 걸어온 길과 완전히 다른 방향으로 한 걸음을 떼놓으며, 옳다고 확인된 길을 우직하게 걸어가는 것을 말합니다.

무엇이 올바른 길인지 알려면 대부분의 경우 직관을 따르면 됩니다.

# 직관

직관은 우리가 경험하고 학습한 것과 관계 있을 뿐만 아니라, 내적 지혜, 즉 무의식 속에 자리한 심오한 지식과도 연관이 있는 매우 특별한 형태의 지식입니다.

직관은 매우 작은 목소리로 잽싸게 이야기합니다. 직관의 소리를 듣기 위해서는 내면에 귀 기울일 준비가 되어 있어야 합니다.

## ⮌ 잠시 멈추고 돌아보기

살아오면서 내면의 목소리에 귀 기울이고 이에 따라 행동했던 순간을 떠올려봅니다. 이를 어떻게 해냈습니까? 이러한 경험이 어떤 영향을 미쳤는지요?

내면의 목소리를 따랐더니 마음이 좀 가벼워지고 자유로워졌나요? 그러하다면, 이런 경험 후 더 자주 직관의 소리를 신뢰하게 되었습니까?

앞으로도 직관이 들려주는 소리에 자주 귀를 기울여보십시오. 직관은 우리의 삶을 충만하게 만들어줍니다.

# 영감

영감은 직관과도 얼마간 연관이 있지만 이보다는 또 다른 심리적 범주에서 유래하는 것으로 보이며, 넓은 의미에서 우리의 자아인 집단적 무의식으로부터 온다고도 볼 수 있겠습니다. 영감은 이처럼 초개인적인 성격을 지니고 있습니다.

우리가 가장 쉽게 영감을 받는 경우는 무언가 아름다운 것을 보거나 기뻐하거나 마음을 편안하게 해주는 음악을 들을 때입니다. 예를 들어 기쁨에 넘쳐 춤추는 순간에 우리는 영감을 가장 쉽게 받습니다.

이처럼 영감과 접촉하는 순간, 온 세상과 하나 되는 연대감을 느끼고 마음이 가벼워질 뿐 아니라 평온해지며 확신으로 가득차게 되지요.

영감을 느꼈던 적이 있나요? 무엇을 보고 영감을 받았습니까? 누구에게서 영감을 받았는지요? 당신에게 영감을 주는 일을 자주하고, 영감을 주는 사람과 자주 함께할 수 있겠습니까? 그렇다면 그렇게 하십시오.

영감을 받을수록 압박감은 상쇄됩니다.


**창의적인 행동은 영감을 불러일으킵니다.**

## 창의성

지금껏 한 번이라도 마음 가는 대로 그림을 그리거나 글을 쓰거나 노래한 적이 있습니까? 혹은 이 외에 다른 창의적인 행동을 한 적은요? 예컨대 집이나 정원을 마음 내키는 대로 새롭게 꾸며본 적이 있는지요? 그랬다면 이처럼 창의적인 행동을 할 때 예기치 않게 더 많은 영감이 떠올랐던 것을 기억할 것입니다.

창의적인 행위를 할 때면 굳이 고민하지 않아도 여러 일들이 자연스럽게 일어납니다. 이럴 때는 의식적인 자아와는 무관하게 저절로 진행되는 일들을 지켜보며 모든 과정에 자신을 온전히 내어주고 맡기게 됩니다.

이처럼 직관과 영감이 작용할 때는 많은 일이 '저절로' 일어납니다. 이런 경험을 하기 위해서는 우선 이에 필요한 환경을 마련해야 합니다.

뚜렷한 목표 없이 행동하려면 충분한 시간적 여유가 필요합니다. 목표를 세우고 행동하는 것은 필요하지만, 이것은 창의력을 발견하고 발휘하기에 적합한 행동은 아닙니다.

창의성을 발휘하기 위해서는 평상시에 오른손으로 하는 일, 예를 들면 그림 그리기나 글쓰기 등을 왼손으로 해보는 것도 좋은 방법입니다.

### ↪ 잠시 멈추고 돌아보기

따로 시간을 내어 그림을 그려보세요. 오른손잡이인 경우에는 평소에 사용하지 않는 왼손으로, 왼손잡이라면 오른손으로 그려봅니다.

평소에 사용하지 않는 손을 써보고 어떤 일이 일어나는지 관찰해보세요. 익숙한 손으로 그릴 때와 어떤 차이가 있습니까?

긴장을 풀고 편안한 마음으로 서툰 손으로 그리니 어떤 일이 발생하나요?

이렇게 행동하다 보면 내면에 잠재해 있는 어린아이와 만나게 됩니다. 내면의 어린아이를 방해하지 않고 자유롭게 움직이도록 허용하면, 매우 중요한 힘의 원천이 됩니다.

그러므로 어린아이처럼 그림 그리고 글쓰는 것을 즐기십시오. 그러면 내면에 숨어 있던 창의적이며 영감이 넘치는 어린아이와 만납니다. 어린아이들은 창의적이라서 어린아이로 되돌아가는 것을 의식적으로 허용하면 우리도 창의적인 존재가 될 수 있습니다.

우리에게는 이러한 잠재력이 내재돼 있답니다. 살면서 우리는 누구나 무언가를 창조해냅니다. 자신의 창의력을 감지하고 이를 과감히 표현해보십시오. 그렇다고 피카소나 모차르트가 되라는 말은 아닙니다. 중요한 것은 창조적인 행위에 참여하는 것입니다. 지금 이 순간에도 당신은 무언가를 창조하고 있습니다. 당신은 날마다 삶을 가꾸고 창조해갑니다. 이처럼 날마다 하고 있는 창조적인 일을 이제는 좀 더 의식적으로, 좀 더 열린 마음으로 해보는 것입니다. 이를 실천해보고 나서 변화가 있는지 평가해보세요.

그 변화가 마음에 들면 앞으로도 이를 계속 실천하는 겁니다.

# 독창성

모든 사람은 이 세상에 단 하나밖에 없는 독창적인 존재입니다.

당신은 이에 대해 곰곰이 생각해본 적이 있는지요?

이런 사실을 떠올리면 어떤 기분이 드나요?

마음의 회복력이 강한 사람들은 자신이 이 세상에 단 하나밖에 없는 독창적인 존재라는 것을 알고 있으므로 자신을 좀 더 신뢰합니다. 이들은 타인이 아무리 선의의 충고를 해주더라도 본인보다 더 자기를 잘 아는 사람은 없다는 사실을 압니다.

앞으로 한동안 매일 아침 자신에게 이렇게 말해보십시오. "나는 이 세상에 단 하나뿐인 존재야. 그래서 나는 이 세상을 위해 아주 중요한 역할을 하고 있어. 어느 누구도, 어느 무엇도 나를 대신할 수는 없다고."

이런 방식으로 자신을 대하는 것이 어떤 영향을 미치는지 평가해 보십시오.

이로 인한 변화가 마음에 들면 앞으로도 이를 계속 실천하세요.

스스로 이 세상에 단 하나밖에 없는 자신을 소중히 여기면 더욱 독창적인 존재가 되며, 창의력과 독창성을 좀 더 쉽게 발휘할 수 있게 됩니다.

# 진정성

진정성은 유일성 및 독창성과 관련 있습니다. 우리가 타인의 의견과 생각에서 벗어나 자기 자신이 될 때 비로소 우리는 진정성을 확인할 수 있습니다.

진정성은 몰입과 마음의 회복력에도 중요한 역할을 합니다. 따라서 일상생활에서도 언제든 하던 일을 멈추고 이렇게 질문해보세요. '나는 이것을 정말 원하나? 이것이 내게 어울릴까?'

이타적인 행동을 할 때에도 이를 진정으로 원할 때 비로소 진정성이 생겨납니다.

제가 경험한 바로는 진정성과 가장 반대되는 개념은 '해야 한다'입니다.

무언가를 '해야 한다'라고 말할 때마다 진정으로 그러한지 생각해
봅니다.

그 일을 정말 해야 합니까? 실상은 그것을 해야 하는 것이 아니라,
하고 싶은 것은 아닌가요? 만약 그렇다면 '난 하고 싶다'라고 말하
십시오. 아니면 무언가를 '해야 한다'라고 말하지만 실상 가슴속
에는 하기 싫은 마음이 가득한가요? 그렇다면 '그걸 하고 싶지 않
아'라고 말하는 편이 낫습니다.

# 잠재력을 방해하는 것들

예전에는 저를 방해하는 것이 있으면 그것이 무엇이든 사라져 버리기를 바랐습니다. 내적인 것이나 외적인 것이나 상관없이. 당신에게도 이러한 마음이 있는지요? 장애물로 느껴지는 모든 것이 사라져버리길 바라는 마음 말입니다.

이런 태도는 개인적인 것뿐만 아니라 정치적인 문제같이 공적인 일에서도 나타납니다.

내가 달갑게 여기지 않는 내 약점에는 소중한 자원이 숨어 있는 경우가 많은데, 이러한 자원은 내가 떨쳐버리려 하는 한 아무런 유익함도 주지 않습니다. 약점 또한 나의 일부 즉, 루이제만의 개성이라는 사실을 저는 비교적 늦게 깨달았습니다.

나 자신을 내 모든 것과 더불어 온전히 받아들이고 사랑하는 것이 나를 위해 할 수 있는 가장 중요한 일이라는 사실을 깨달은 것이지요.

저는 지난 수년에 걸쳐 이러한 깨달음을 얻었으며, 이와 관련된 많은 경험을 했습니다. 그 후 이 깨달음대로 행동하지 못할 때마다 그것을 몇 번이고 아주 정확히 떠올려봅니다. 물론 이것을 얼마간 실천하고 있다고 생각할 때, 즉 나를 온전히 받아들이며 지낼 때는 마음이 한층 가벼워지고 편안해집니다. 하지만 이처럼 자신을 온전히 받아들이기란 쉽지 않습니다. 왜냐하면 이루기 힘든 여러 소원들을 마음속에 품고 있기 때문이지요. 다른 한편으로는 약점을 포함 자신의 모든 것을 받아들이지 못했음을 떠올려보거나, 완벽한 사람이 되고픈 마음을 포기하지 못했음을 기억해보는 것만으로도 개인적인 발전에 큰 도움이 되기도 합니다.

앞서 얘기한 깨달음을 실천할 수만 있다면 유익할 것입니다. 약점을 자신의 유일성과 독창성의 일부로 간주할 수 있다면 이를 받아들이기도 쉬워지기 때문이지요. 또한 그 깨달음을 실천하고 있지 못한 경우라 해도 자신을 온전히 수용하려고 다시 시도해볼 수 있는 자극으로 작용하니 그 또한 유익합니다. 이 같은 방식으로 성가신 장애물과 걸림돌 또한 소중한 보물로 바꿀 수 있습니다.

나의 약점, 내면의 장애물이라 여기는 것을 모두 적어봅니다.

이러한 요소들이 없다면 내게는 어떤 변화가 생길까요? 이 경우 난 무엇을 잃어버리게 될까요, 아니면 얻게 될까요?

약점 안에 숨은 강점을 목록으로 만들어보십시오.

환자들과 이 연습을 했을 때 우리는 매번 요란하게 웃음을 터뜨리곤 했습니다.

우리는 초조함이라는 약점에 숨어 있는 효율성이라는 강점을 찾아냈고, 두려움과 비겁함 속에서는 조심성을, 우울함 속에서는 휴식과 중단을 찾아냈습니다.

이 세상에는 반드시 고쳐야 할 것들이 존재하는데 그것을 받아들이고 만족하라니, 그건 잘못이라고 주장하며 반박하는 분들이 있을지도 모르겠습니다. 그들의 의견에 부분적으로 동의합니다. 따라서 이렇게 제안함으로써 제 견해를 보충해봅니다.

변화시킬 수 없다면 버리고, 버릴 수 없다면 받아들이십시오.

이러한 태도로 약점을 대하면 경우에 따라 다음과 같은 여러 대안 중 하나를 선택할 수 있습니다. 즉, 때론 무언가를 사랑하는 것 외에 (혹은 무언가를 사랑할 수 없는 경우에도) 그것을 변화시킬지 혹은 완전히 내버릴지를 생각해볼 필요가 있답니다.

이 책을 읽고 실천하려 한다면 아마도 당신은 세 가지 길을 모두 걷게 될 것입니다. 즉 어떤 것은 선뜻 받아들일 것이고 어떤 것은 버리고 내려놓고 떠나보내고 어떤 것은 (보다) 담담하게 수용하겠지요. 그리고 마지막으로 많은 것을 물 흐르듯 자연스럽게 변화시킬 것입니다.

셋 중 어느 길을 걷든 '마치 ……것처럼 행동하기'가 도움이 될 것입니다. 당신이 무언가를 변화시키려 할 때 '마치 무언가를 변화시킨 것처럼' 자연스럽게 행동할 필요가 있습니다. 무언가를 변화시키려는 것은 더 이상 옛것에 얽매이지 않겠다는 것이며 무언가를 고치려는 것이므로, 아무것에도 매여 있지 않은 초연한 마음가짐을 다질 필요가 있는 것입니다.

## 초연한 마음

초연한 마음가짐에 대해서는 철학적·신학적·심리학적 다양한 관점에서 고찰할 수 있겠습니다. 이 주제와 관련하여 제가 가장 아끼는 말은 마이스터 에크하르트<sup>Meister Eckhart</sup>의 글귀입니다.

> 그늘지지 않은 초연한 마음을 얻기 위해서는 가슴속에 고독함을 지녀야 한다.

저는 이 문장을 자유를 느끼기 위해서는 내면적으로 독립해야 한다는 의미로 이해합니다.

이때 자신을 신뢰하는 태도는 매우 도움이 됩니다. 종교에 귀의한 사람들은 자신을 신에게 믿고 맡기지요. 바흐의 칸타타 〈마음과 입과 행동과 생명으로〉 중에는 '도우소서, 주여, 도우

소서, 평안할 때나 고통당할 때나 기쁠 때나 슬플 때나 내가 당신을 인정하게 하시고, 흔들리지 않는 초연한 믿음으로 당신을 나의 구주로 부르게 하시며······'라는 가사가 나옵니다.

기독교 신앙을 지닌 사람들은 초연하게 자신을 예수께 맡깁니다. 이러한 신앙이 없는 사람들은 믿음과 관련하여 자신을 삶에 내맡기다, 삶이 흘러가는 대로 놔두다 등의 표현을 사용합니다.

'고독한 마음'을 지닌 사람은 타인에게서 자신을 끊임없이 확인받으려 하지 않으며 오히려 자기 내면의 목소리와 지혜를 따릅니다.

당신이 이미 첫 걸음을 내디뎌 내적 지혜 혹은 내적 치유자와 만났다면, 이러한 '마음속의 고독'을 실천하기가 한결 쉬울 것입니다.

고독과 관련해서도 다시 용기를 이야기하게 되는데, 용기에는 담대함이 필요합니다. 더 한층 담대할수록 우리는 내적으로 한층 더 성장하고 더 독립적인 존재가 되며 이로써 마음가짐 또한 한층 더 초연해집니다.

마음의 회복력이 강한 사람들은 힘든 일을 겪고 나서도 예전의 초연함을 되찾습니다. 물론 이들이라고 해서 항상 초연한 마음을 유지하는 것은 아니지만, 이들은 잃어버린 초연함을 되찾을 길을 찾아 나서며 그럴 수 있는 의지 또한 지니고 있습니다.

## ⤴ 잠시 멈추고 돌아보기

지금까지 살아오며 평소보다 초연하게 행동했다고 느꼈던 상황을 기억해보세요. 그러한 상황에 이르게 된 데에는 무엇 혹은 누구의 도움이 있었는지 살펴봅니다.

당신의 생각을 평소보다 차분히 유지할 수 있었는지요? 당시의 상황을 온전히 받아들였습니까? 당신을 위로한 건 당신 자신이었나요 혹은 누군가 다른 이였나요?

어쩌면 당신이 초연함을 유지할 수 있었던 것은 이와는 완전히 다른 원인 때문이었을 수도 있습니다. 그 상황을 최대한 정확히 떠올려보고 당시에 느꼈던 초연함을 다시 느껴보십시오.

# 선의

초연한 마음은 선의의 토대가 됩니다. 자신과 타인에게 선의를 품으면 마음이 훨씬 편안해지지요.

선의를 지닌 사람들은 자신과 타인의 의도를 끊임없이 미화할 필요 없이 모두에게 좋은 의도가 있다고 전제합니다. 물론 사람들의 의도를 다소 미화하는 것은 간혹 유익할 때도 있습니다. '선의'라는 단어는 본래 추악함 이면에 숨어 있는 아름다움을 인식할 수 있음을 의미합니다.

예를 들어 우리는 남들 또한 그들 나름대로 최선을 다한다고 스스로에게 끊임없이 상기시킬 수 있습니다. 누군가 최선을 다한다고 할 때 물론 그 최선이 항상 절대적 기준을 충족시키는 최선은 아닐 터이므로, 만일 우리에게 타인에 대한 선의가 없다면 절대적 최선을 잣대삼아 그를 트집 잡기 시작할 것입니다.

선의를 품는다는 것은 타인을 있는 그대로 인지하고 그러한 모습을 존중하며 소중히 여기는 것을 의미하기도 합니다.

이를 위해서는 먼저 자신의 약점을 있는 그대로 받아들이는 것이 중요합니다.

지금보다 좀 더 선의를 베풀기 위해 내디딜 수 있는 첫 걸음은 무엇일까요?

### ⮌ 잠시 멈추고 돌아보기

적어도 일주일 동안 자신을 관찰하고 다음과 같이 체크리스트를 작성하십시오.

종이 한가운데에 세로로 줄을 긋고 한 쪽에는 자신을 선의로 대할 때마다, 다른 한 쪽에는 자신을 비판하고 비난할 때마다 체크 표시를 해봅니다.

아마도 처음에는 비난 쪽에 더 많이 체크하게 될 것입니다. 당분간은 비난 표시 쪽에는 신경 쓰지 말고 선의를 표시하는 쪽에 집중하세요. 지금껏 자신을 온전히 받아들일 수 있었던 상황을 다시 떠올려보세요.

어떻게 그럴 수 있었습니까? 그때 무슨 생각을 했던가요? 기분은 어떠했나요? 아마도 당신은 자기 기분이 미치는 영향력이 매우 크다는 사실을 인식했을 겁니다. 즉 기분이 좋을 때는 선의로 사람들을 대하기가 훨씬 수월하며, 기분이 나쁠 때는 자신과 타인을 곱지 않은 눈으로 보게 된다는 것을 말이죠.

앞에서 얘기했듯이 이 세상에는 우리가 직접 이루어낼 수 없는 일이 많긴 하지만, 원하는 상황이 이루어지도록 필요한 여건을 마련할 수는 있습니다.

지금 이 순간 할 수 있는 일은 최대한 자주 좋은 기분이 되도록, 선의를 품을 수 있도록 노력하는 것입니다.

어떻게 하면 기분이 좋아질까요? 우리는 대부분 기쁠 때 기분도 좋아집니다.

### ↩ 잠시 멈추고 돌아보기

의식적인 기쁨에 대해서는 앞에서 다루었으므로 이미 당신은 내용을 알고 있습니다. 이는 당신이 처음으로 내디딘 첫 걸음 중 하나였습니다. 기뻐할 여건을 스스로 조성하면 기분은 '환해질' 것이고, 이로써 당신은 선의의 토대를 마련한 것입니다. 그러므로 이제 그 동안 적어 내려간 기쁨일기를 펴서 손에 들고 읽어보십시오. 그리고 기쁨일기에 적어놓은 것들이 자신에게 선한 영향을 미치도록 하세요. 기쁨을 느꼈던 크고 작은 순간들이 다시 떠오르나요?

기분이 다시 좋아지는 것을 느낄 수 있습니까? 그럼 이제 얼마 전 대단히 후회했던 실수 하나를 떠올려보세요. 지금 상황에서 그 실수를 떠올려보면 어떤 생각이 드나요? 그것에 조금은 관대한 마음이 생겼습니까?

그렇다면 이제 당신은 좀 더 많은 선의를 보여주기 위한 첫 걸음이 바로 '기쁨'이라는 사실을 알게 됐습니다. 의식적 기쁨과 관련하여 당신은 이미 첫 걸음을 내디딘 상태였고, 이제 기쁨일기를 통해 몇 걸음을 더 내디딘 것입니다.

이같이 계속 걸음을 내딛기 위해서는 당신이 앞서 시도한 첫 걸음이 꼭 필요했다는 사실을 이제 분명히 알았으리라 생각합니다.

지금껏 한 걸음 한 걸음 잘 걸어오셨습니다. 지금까지의 여정은 얼마나 힘들었는지요? 책의 안내에 따라 당신이 지금까지 따라온 여러 경험을 평가해보십시오.

제시한 방법 대부분이 그다지 힘들지 않았다는 결론이 나면 계속해서 앞으로 나아가는 것입니다. 반면, 지금까지의 시도가 힘겨웠다는 결론이 난 경우라면 무엇이 걸림돌이 되었는지 우선 점검해봅니다. 그 점검을 마치고 난 후에 다시 당신의 길을 걸어 나가십시오.

이제 저는 여기서 장애물로 작용할 수 있는 몇 가지 요소를 다룰 것이며, 이러한 장애물 속에 감춰진 잠재력을 (다시) 찾아보라고 권하겠습니다.

# 걸림돌

세상에는 크고 작은 걸림돌이 있습니다.

걸림돌에 걸려 넘어지면 무슨 일이 생길까요?

예전보다 좀 더 주의 깊어지고 정신을 바짝 차리게 되며 전방을 보다 유심히 바라볼 것입니다.

그러다 보면 자기 앞에 있는 아름다운 것들을 많이 발견하게 됩니다. 다시 말해 걸림돌에도 또한 긍정적인 측면이 있습니다.

걸림돌도 우리에게 '영양분'을 줍니다.

우리는 자기 길을 방해하는 돌을 갖고도 멋진 작품을 만들 수 있다.

−요한 볼프강 폰 괴테

그런데 걸림돌이 너무 커서 고통스럽다면 어떨까요? 혹 이런 경험을 해보셨나요? 커다란 걸림돌에 걸려 넘어졌을 때 어떻게 반응했던가요?

이 세상에는 너무 많은 돌이 있으니 다시는 산책하지 말아야겠다고 결심했는지요? 아니면 세상의 모든 걸림돌을 무시해버리고 말겠어, 혹은 거대한 걸림돌까지 밀어버릴 만한 탱크를 개발해야겠군, 아니면 길 가다 보면 편안한 길도 있고 험난한 길도 있으니 때론 험난한 길도 지나가보는 거지 뭐, 이렇게 마음먹었던가요? 혹은 또 다른 반응? 혹은 앞의 괴테의 글귀처럼 멋진 돌을 찾았으니 무언가를 만들어보겠다고 생각했는지요?

마음의 회복력이 강한 사람들은 이 세상에 걸림돌이 존재한다는 사실을 인정하고, 걸림돌을 만나면 마치 어디든지 통과할 수 있는 물처럼 행동합니다. 이들은 이 세상 어디든 지날 수 있는 물처럼 자기 길을 찾아 나서지요.

**⮌ 잠시 멈추고 돌아보기**

지금까지 살아오며 극복해온 크고 작은 힘든 상황들을 떠올려봅니다.

그때 난 어떻게 했더라? 고집스럽게 나만의 길을 걸어갔던가? 무언가에 맞서 싸웠나? 어려운 상황에서 벗어날 탈출구 혹은 우회

로를 모색했나? 그리고 마침내 찾아낸 새 길을 걸어갔던가? 무엇이 내게 그럴 수 있는 용기를 주었지? 지금껏 한 번이라도 힘든 상황을 극복한 경험이 있다면, 당신은 걸림돌이 있더라도 이를 이겨낼 수 있다는 사실을 깨달았을 것입니다.

만약 단 한 번도 그랬던 적이 없다면 아주 작은 걸림돌을 찾아내 이를 극복하는 긍정적인 체험을 해보세요. 큰 걸림돌이 보이더라도 가능하면 간과한 채 작은 걸림돌에만 집중하는 겁니다. 작은 것을 극복하고 나면 자신감이 생기겠지요. 스스로에게 걸림돌을 제거할 능력이 있음을 알게 될 것입니다.

단, 해낼 수 없을 거라는 생각을 계속 하고 있으면 아무리 작은 장애물이라도 스스로 제거할 수 없습니다.

할 수 없다는 생각을 되풀이하면 실제 현실이 되어버립니다. 이렇게 되면 아무리 애써도 상황은 변하지 않는답니다.

만약 이런 경우라면 그 사실 자체를 인정하고 분명히 인식해야 합니다.


생각 자체가 아주 거대한 걸림돌이 될 수 있다!

어떤 생각이나 상상을 반복적으로 하면 생각이 점점 커지고 단단하게 굳어 자신을 방해하는 걸림돌이 될 수 있습니다. 하지만 사람들은 대부분 이렇게 걸림돌이 되어버린 거대하고 단단한 생각을 해낸 사람이 본인임을 깨닫지 못합니다.

이 대목에서 이 글을 다시 한 번 떠올려봅니다.

너의 생각에 주의하라. 너의 생각이 말이 된다.

너의 말에 주의하라. 너의 말이 행동이 된다.

너의 행동에 주의하라. 너의 행동이 습관이 된다.

너의 습관에 주의하라. 너의 습관이 성격이 된다.

너의 성격에 주의하라. 너의 성격이 운명이 된다.


위대한 지혜의 책《탈무드》에 실려 있는 구절이지요.

너무 과장됐다고요? 지금까지의 삶이 너무나 가혹했던 탓에 이따위 글에는 동의할 수 없다고요? 그렇다면 그러한 당신의 생각 또한 진실입니다.

제가 보기에는 둘 모두 진실입니다. 젊은 시절 힘든 일을 많이 겪고 나면 자신도 모르게 불신과 두려움이 생기고 비관적이며 적대적인 생각을 하게 됩니다.

그럼에도 불구하고 성인이 된 지금까지 그런 감정과 생각을 계속 품고 있어야 하는지는 생각해볼 문제가 아닐지요? 만약 삶을 조금이라도 변화시킬 마음이 있다면 탈무드의 글귀를 다시 한 번 읽어보세요.

자신을 변화시키고 싶다면 다음과 같은 중요한 (첫) 걸음을 내디뎌보는 것입니다.


⤷ **잠시 멈추고 돌아보기**

적어도 하루에 한 번은 자신이 무슨 생각을 하는지 의식해보도록 합니다.

나는 타인, 특정한 사물, 상황을 어떻게 생각하며 어떤 말을 하고 있나?

무슨 생각을 어떻게 하는지 그저 관찰만 해보는 겁니다. 아무 변화도 시도하지 말고 단지 어떤 생각이 머릿속을 스쳐 지나는지, 나는 그중에서 어떤 생각을 포착하는지, 단지 그것만 의식적으로 인식해보세요.

얼마간 이렇게 한 후 다음의 문장을 곰곰이 명상해보십시오.

까마귀가 지붕 위에 앉는 것을 막을 수는 없다. 하지만 지붕 위에 둥지를 트는 것은 막을 수 있다. —중국 속담

머릿속에 어떤 생각이 저절로 떠오르는 것을 막을 수는 없습니다. 하지만 생각을 맞이하고 다시 떠나보내는 연습은 가능합니다. 이와 관련해 어떤 이들에게는 예를 들면 생각이 마치 구름이 지나가는 것처럼 왔다 간다고 상상해보는 방법이 도움이 되기도 합니다. 나 자신에게 적합한 연습 방법을 찾아보는 것이 중요해요.

때로는 머릿속을 스치는 여러 생각을 내 집에 들어오고 싶어 하는 손님이라고 상상해보는 방법도 도움이 됩니다. 즉, 달갑지 않은 생각이 떠오르면 지금은 우리 집에 들어오지 말라고 말함으로써 공손하게 돌려보내는 것이죠.

나를 힘들게 하는 생각이 들 때, 그 생각과 끙끙대며 씨름하는 경우와 생각을 인식하자마자 공손하게 돌려보내는 경우, 장기적으로 보면 분명한 차이가 있지 않을까요?

이 두 경우를 일정 기간, 즉 4주 정도 관찰한 후 결과를 평가해봅니다.

믿을 만한 사람에게 내가 부정적인 말을 할 때마다 지적해달라고 요청합니다. 많은 이들이 부정적 언어를 '정상'으로 생각하므로 혼자서는 자신의 부정적 언사를 전혀 인식하지 못하는 경우가 흔하죠. 그러므로 다른 사람의 도움을 받는 것도 바람직합니다.

힘들게 하는 생각이 들 때 이것을 내게 유용한 '안내자'로 활용할 수도 있습니다. 즉 이제 기쁜 생각을 더 많이 하기로 마음먹었으니, 해로운 생각이 들 때마다 그것을 '치유 능력이 있는 유익한 생각'만 하기로 결심한 사실을 떠올리는 계기로 삼는 것입니다.

앞으로 얼마간 걸림돌로 작용하는 생각을 이와 같은 유용한 '안내자'로 활용해보십시오.

# 치유하는 말과 상처 주는 말

당신이 생각하는 방식을 일정 기간 집중적으로 관찰했다면, 이번에는 당신이 어떤 말을 하며 어떤 말을 듣는지 알아보도록 하지요.

말은 사람을 치유하기보다는 상처를 주기 쉽다. - 요한 볼프강 폰 괴테

말은 나도 모르는 새 순식간에 튀어나올 때가 많습니다. 말과 관련해 우리는 주의 깊지 못하며 말이 얼마나 막대한 결과를 초래할 수 있는지 의식하지 못합니다. 따라서 어떤 말이 자신과 타인을 기쁘게 하는지, 다시 말해 치유력이 있는지, 어떤 말이 해로운지를 주의 깊게 다루어볼 필요가 있습니다.

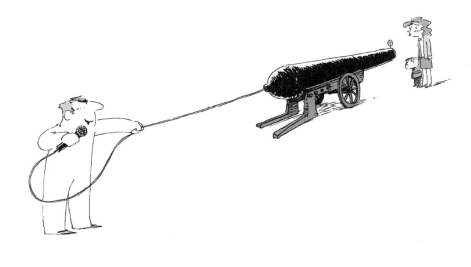

일주일 동안 나와 타인의 말이 어떤 영향을 주는지 관찰해봅시다. 어떤 말에는 치유 효과가 있고 어떤 말은 상처를 준다는 것이 느껴지나요? 그렇다면 이제부터 가능한 한 치유 효과가 있는 말을 자주 하겠다고 스스로에게 약속하십시오. 약속대로 자신의 행동을 변화시키고 난 후 주변에 무엇이 변했는지 살펴보세요.

언어 습관을 바꾸고 나니 주변 사람들의 언어도 예전과 달라졌나요? 이로 인해 나의 내면에도 어떤 변화가 일어났습니까?

여기서 말하려는 것은 도덕에 관한 문제가 아닙니다. 요점은 자신이나 타인을 향한 악의적 언어가 당신에게 해로운 영향을 미칠 수 있다는 것입니다. 달라이 라마에 따르면 이 세상에는 어리석은 이기주의자와 지혜로운 이기주의자가 살고 있습니다. 지혜로운 이기주의자는 타인에게 하는 말이 자신에게 되돌아온다는 사실을 압니다. 원인이 있으면 결과가 있는 법이지요.

우리는 치유 효과가 있는 생각을 연습해 습득할 수 있습니다. 이를 위한 방법은 규칙적으로 기도하거나 소리 내어 주문을 읽는 겁니다.

그러한 시도를 해본 적이 있나요?

주문이나 기도문은 우리가 직접 작성할 수도 있습니다.

마음이 울적할 때 다음의 글을 소리 내어 읽어보세요.

먹구름이 문 앞에 서려 있다.

먹구름이 잔뜩 끼어 있는 너의 길 위로

번개가 눈부시도록 번쩍인다.

행복한 사람인 나는

비바람이 불어도 뛰어갈 수 있다.

행복한 사람인 나는

젖은 잎사귀를 밟고서도 뛰어갈 수 있다.

행복한 사람인 나는

내가 원하는 쪽으로 뛰어갈 수 있다.

내 앞길에 멋진 일이 기다리고 있기를.

내가 지나온 길에 멋진 일이 있기를.

지금 서 있는 길에 멋진 일이 있기를.

나를 둘러싼 사방에

멋진 일만이 있기를.

모든 일들이 아름답게 마무리되기를.

　－나바호족

# 행동

누구나 날마다 스스로 의식하지 못한 채 많은 행동을 합니다. 그렇지만 한꺼번에 많은 일에 집중할 수는 없습니다. 사람들은 한꺼번에 많은 일을 하는 것을 미덕이라고 여기고 각자의 관점에서 중요한 일과 중요하지 않은 일을 구분하며 이 같은 구분에 익숙합니다.

그렇다면 설거지나 길거리 청소를, 시를 짓고 수술을 집도하고 달나라를 탐사하는 것보다 덜 중요하다고 여기는 이유는 무엇인가요? 첫째는 우리가 그렇게 생각하고 있으며, 그런 생각이 진실이 아니라 '단지' 생각에 불과하다는 것을 의식하지 못하기 때문입니다. 두 번째는 수천 년 전부터 특정 분야를 가치 있는 일로 간주하고 그 외의 다른 분야는 무가치한 것으로 간주해왔기 때문입니다. 이때 눈에 띄는 점은 우리 문화권에서는 정신노동을 대부분 육체노동보다 더 가치 있는 일로 평가하며, 이 기준은 노동의 가치를 돈으로 환산할 때에도 적용된다는 것입니다.

그중에서도 특히 가사 노동, 더 정확히 말해 전통적으로 여성이 담당하는 노동의 가치는 매우 낮게 여깁니다. 이처럼 사회의 통념을 아무 생각 없이 받아들일 경우 우리가 행하는 많은 일은 가치 없는 것으로 평가될 수도 있습니다.

### ⮑ 잠시 멈추고 돌아보기

하루 동안 아침에 일어나 잠자리에 들 때까지 어떤 일을 하는지 살펴보고 당신이 각 행동에 어떤 가치를 부여하는지 살펴보세요. 당신은 자신에게 무엇을 기대하고 있습니까? 가치 있는 사람이 되려면 무언가 '위대한 일'을 해야 한다고 생각하나요? '단지' 중요하지 않은 일을 하고 유명하지 않다는 이유로 자신을 무시하고 있진 않나요?

만약 그렇다면 앞으로 며칠 동안 시험 삼아 다른 태도를 견지해보는 겁니다. 예를 들어 '사소한' 행동을 매우 가치 있는 것으로 생각해보는 것입니다. 혹은 반대로 행동에 아무 가치도 부여하지 말고 아예 평가 자체를 하지 않는 것입니다.

이처럼 평소와 다른 시각으로 매사를 바라보니 어떤 변화가 있던가요?

'모든 일은 기적이거나 지극히 사소한 일이다'라는 아인슈타인의 명언을 기준으로 당신의 행동을 분류한다면 어떻게 될까요?

우리의 행동은 대부분 다른 사람들에게 지대한 영향을 미칩니다. 우리는 자녀들이 부모의 말대로 행동하는 것이 아니라 부모의 행동대로 따라한다는 것을 잘 알고 있습니다.

당신의 행동은 너무나 소리가 커서, 당신의 목소리가 묻히고 만다.

— 에머슨R. W. Emerson

나의 행동은 타인에게만이 아니라 나 자신에게도 영향을 미칩니다. 자신에게도 말하는 소리보다 행동의 소리가 더 크게 들리기 때문이지요. 우리의 행동은 우리 자신에게도 지대한 영향을 미칩니다.

### ↪ 잠시 멈추고 돌아보기

어떤 행동을 할 때마다 주의 깊게 관찰합니다. 행동 속에 얼마나 많은 작은 기적들이 감춰져 있는지 보이나요?

몸이 행동하기 위해서는 매우 많은 조건들이 우선 충족되어야 합니다. 아마 당신은 이를 매우 당연히 여기겠지만, 이는 절대로 당연한 것이 아니랍니다.

자기 행동에 온전히 주의를 기울이면 스스로에게 중요한 많은 일을 아주 수월하게 해낼 수 있습니다.

# 습관

누구나 안전하기를 바랍니다. 그런 의미에서 습관은 익숙하다는 이유로 우리에게 안전하다는 느낌을 줍니다. 따라서 여러 가지 습관을 들이고 유지하는 것은 의미 있는 일일 수 있습니다.

하지만 습관적으로 행하는 일, 혹은 행하지 않는 일을 우리는 거의 의식하지 못할 때가 많습니다.

많은 습관들은 우리를 구속합니다. 우리는 습관에 의존하게 돼 특정한 일을 항상 특정한 방식으로 처리하곤 합니다.

## ⮌ 잠시 멈추고 돌아보기

일주일 동안 시간을 두고 내게 어떤 습관이 있는지를 관찰합니다.
당신은 어떤 행동을 반복적으로 하던가요? 그런 습관적 행동이
당신을 기쁘게 합니까? 영감을 주나요? 속박하는 대신 안정감을
주던가요?

이러한 습관이 토대가 되는 생각의 틀을 점검해봅니다.

생각의 틀을 바꾸면 어찌 될까요? 생각의 틀을 바꾸고 나서 의식
적으로 새로운 습관을 들여보세요.

어떤 변화가 생겼습니까?

당신이 '최선을 다해 노력해도' 바꿀 수 없는 일이 있나요?

이 연습법을 실천하기 위해서는 몇 달, 혹은 몇 년이 걸릴 수도 있
습니다. 이러한 시도를 몇 달간 지속하다 보면 다른 사람들에게
당신이 무언가 변했다는 인상을 줄 수도 있습니다.

끈기 있게 기존 습관을 바꾸면 심지어 우리가 성격이라고 부르는
것까지도 바꿀 수 있습니다! 단 이러한 변화가 있기까지는 시간
이 필요합니다.

# 잔잔한 물에 돌을 던지다

잔잔한 물에 돌을 던지면 원 모양의 파문이 생깁니다. 돌 던지기가 대단한 행동은 아니지만, 돌 하나가 초래하는 효과는 큽니다.

삶의 어떤 지점에서 작은 변화를 일으키기 시작할 때도 마찬가지입니다. 이처럼 우리가 일으키는 작은 변화는 우리가 상상할 수 있는 것보다 훨씬 많은 부분에까지 영향을 미치지요.

어떤 습관을 바꾸면 그것 때문에 다른 변화가 생깁니다. 따라서 무언가 변화시키고 싶으면 가장 바꾸기 쉬운 것부터 시작하십시오.

기공氣功 수련 강사로 활동하고 있는 제 친구 슐레퍼는 이와 관련해 이렇게 조언했습니다. 다섯 가지 일을 하려면 다섯 가지 중에서 가장 쉬운 일을 가장 먼저 하고, 남은 네 가지 중에서 또다시 가장 쉬운 일을 선택하여 처리하는 방식으로 계속하는 겁니다. 그러면 당신은 항상 '가장 쉬운 일'만 할 수 있지요. 반면 이 방식이 너무 간단한 것 같으면 이와는 반대 순서로 진행할 수도 있습니다. 즉, 주어진 일 중에서 항상 가장 어려운 일을 먼저 하는 것입니다. 이처럼 힘든 일에 도전하고 성취하는 것을 좋아하는 사람들도 있습니다.

# 고요함

가장 떠들썩한 선포는 고요함이다. − 노자 老子

　마음의 회복력이 강한 사람들은 스스로 새로운 힘을 충전하는 능력을 갖추고 있습니다.

　진정한 자신을 (되)찾기 위한 근본적인 방법 중 하나는 고요함을 체험하는 것입니다.

　하지만 우리 문화권에는 스스로에게 이러한 고요함을 좀처럼 허용하지 않는 사람들이 매우 많습니다.

　또한 고요함에 이르기를 바라면서도 자신은 이러한 경지에 이르지 못했다고 느끼는 사람들도 많습니다. 그 이유는 명상을 가르치는 많은 수련 기관에서 이러한 고요함의 중요성을 강조하면서 인간의 생각과 행동으로 야기되는 소음을 비판하기 때문이기도 합니다.

제 경우에는 고요함에 이르는 것과 관련해 인도의 명상가가 전해준 지혜가 매우 유용했습니다. 인간에게는 생각이 필요합니다. 인간은 생각을 차단할 수는 없지만, 이러한 생각과 소음 이면에는 항상 고요함이 존재합니다. 고요함에 이르기 위해 해야 할 일은 아무것도 없습니다. 그저 고요함을 체험하면 되는 것이지요. 다만 고요한 주변 환경은 마음의 고요함을 체험하는 데 지대한 도움이 될 수 있습니다.

우주적인 고요함을 좀 더 수월하게 체험하려면 주변이 고요한 순간을 찾아야 합니다. 여기에서 고요한 환경은 마음의 고요함을 체험하기 위해 마련해야 하며, 마련할 수 있는 조건입니다.

제 경우 목표를 지나치게 높게 설정하지 않습니다. 매일 5분간의 체험이 몇 주에 한 번씩 한 시간 동안 고요함을 체험하는 것보다 바람직합니다. 우리의 뇌는 무언가를 학습하려 할 때 규칙성, 즉 습관이 필요합니다. 그렇지 않으면 학습하기가 힘듭니다.

날마다 규칙적으로 5분간 고요함을 체험하다 보면 얼마 지나지 않아 더 오랜 시간을 그렇게 보내고 싶어질 것입니다. 반면, 처음부터 억지로 매일 30분을 체험해보겠노라 시작하면 뜻대로 되지 않을 때마다 불만이 생길 것이고 자칫하면 이러한 시도 자체를 완전히 포기할 수도 있습니다.

# 영성

마음의 회복력이 강한 사람들을 연구할 때마다 얻게 되는 결론이 있습니다. 그것은 바로 종교적 독실함과 신앙심이 매우 중요한 힘의 원천으로 작용한다는 점입니다.

많은 심리치료사들은 이러한 사실을 이해하지 못한 채 종교에서 삶의 해답을 찾으려 모색하는 것을 일종의 자기방어로 치부하는 경향이 있습니다.

종교적 모색이 당신에게 편안함을 주는지 살펴보고, 이에 관해 내면의 목소리를 신뢰하고 따르십시오.

저는 영성이란 주제와 관련해 당사자가 두려움이나 구속 대신 자유와 평안함을 느끼는 것이 가장 중요하다고 생각합니다.

종교지도자, 교주, 스승, 성직자가 사람들에게 두려움을 불러일으킨다면 이는 주의가 필요한 상황입니다. 진정한 종교적 가르침은 좀 더 풍성한 내면의 자유를 누릴 수 있도록 사람들을 이끌어줍니다. 이 문제에 대해 방심하지 말고 항상 주변을 경계하십시오. 아무도 당신의 안전과 안녕을 책임져주지 않으니까요.

## 사랑

사랑은 감정이지만, 한편으론 감정 그 이상의 것이기도 합니다. 사랑이라는 주제를 일부러 '영성' 바로 뒤에 놓았습니다. 사랑하는 능력은 다른 무엇보다 우리를 '더 높은 차원의 존재'와 가깝게 연결시켜주기 때문이지요. 사랑하면 마음이 열리고 사물과 사람들의 아름다움과 찬란함을 더 잘 보게 되며 삶에서 기쁨을 누리게 됩니다.

다만 자신에게 사랑을 강요할 수는 없으며 단지 사랑할 수 있도록 마음을 여는 것이 우리가 할 수 있는 전부입니다. 등불을 들고 나가 신랑을 맞이하는 지혜로운 처녀들의 비유에서처럼, 우리는 사랑이 우리를 찾아올 수 있도록 자리를 마련해둘 뿐입니다. 사랑을 향해 온전히 주의를 기울이면 사랑에 깨어 있는 상태가 되며 우리 존재의 근간인 사랑을 체험할 수 있습니다. 그러면 사랑이라는 감정이 우리로 하여금 사랑이라는 존재 자체와 만나게 해주지요.

유감스럽게도 사람들은 사랑과는 거리가 먼 것들을 사랑이라고 부를 때가 많습니다.

예를 들어 '사랑 이야기'라는 유명 작품들을 살펴보면 사랑보다는 집착에 가까운 것이 대부분이에요. 유행하는 대중가요 가사에도 이러한 현상이 극단적으로 나타납니다. 가사 대부분이 내가 누군가를 필요로 하고 누군가 나를 필요로 한다는 이야기입니다. 이런 가사를 비판할 마음은 전혀 없습니다만 이는 사랑과 무관합니다. 많은 사람들은 사랑을 자유의 '자녀'라고 부르지만 이보다는 자유의 어머니 혹은 자매에 가깝다고 할 수 있습니다. 어쨌든 사랑은 '필요하다' 혹은 '집착하다'라는 단어와는 어울리지 않습니다. 그보다는 '맹목적' 혹은 '배려'라는 단어와 좀 더 잘 어울린다 할 수 있지요.

사랑은 마음의 회복력에 지대한 영향을 미치는 요소입니다. 열정적으로 사랑하는 대상이 사물이든 동물이든 아이디어든 사람이든, 우리의 사랑은 마음의 회복력에 큰 영향을 미칩니다.

사랑은 낯선 사람의 미소에도, 사랑하는 사람의 따뜻한 포옹에도 담겨 있습니다.

타인의 사랑을 기꺼이 받아들이는 마음가짐 또한 사랑입니다. 그런데 개중에는 기꺼이 사랑을 줄 준비는 되어 있지만 정작 사랑받기를 두려워하는 사람들도 있습니다.

## ⮌ 잠시 멈추고 돌아보기

사랑을 어떻게 생각하는지 자신을 살펴보십시오. 사랑에 관한 이 글을 읽고 무슨 생각이 들었습니까? 사랑을 좀 더 잘 알게 되었다고 느껴졌나요?

그렇다면 앞으로 일정 기간 동안 당신의 사랑 능력을 정확히 파악해보십시오. 아무 비판도 않고, 아무것도 바라지 않고, 자신과 타인을 그저 따뜻한 눈빛으로 바라볼 수 있을지, 그러한 순간 어떤 기분이 드는지, 마음이 가벼워지고 활짝 열리며 자유로워지는지를.

또한 당신은 타인의 사랑을 받아들일 마음의 준비가 되어 있나요?

보상을 생각하지 않고 오로지 타인의 사랑을 받아들일 수 있겠습니까? 사랑받는 것과 주는 것 중 어떤 것이 더 쉽게 느껴지나요? 앞으로 며칠간 사람들이 당신에게 사랑을 주고 싶어 하는지 주의 깊게 살펴보고 한 걸음 내디뎌 그 사랑을 받아들여보십시오.

또한 당신의 어떤 점이 사랑받을 만한지 스스로 물어보세요. 당신은 당신의 약점까지도 사랑할 수 있나요? 그 약점에도 불구하고 그런 약점까지 포함해 사람들이 당신을 사랑하도록 허용할 수 있겠습니까? 아니면 사람들의 마음에 들기 위해 끊임없이 노력할 수밖에 없을까요?

# 감사

제가 감당했던 많은 환자들은 '감사하기' 주제를 달갑게 여기지 않았습니다. 이들은 전혀 감사하지 않는데도 억지로 감사해야 했던 과거의 기억만 안고 있었지요. 감사하기란 이들에게 가장 완벽한 거짓말에 불과했습니다.

그럼에도 불구하고 긍정심리학 분야와 마음의 회복력에 관한 연구 결과에 따르면 감사하기란 도움이 되는 행동이며 감사한 마음이 큰 사람일수록 마음이 평온하다고 합니다.

일말의 망설임도 없이 '온 마음을 다해' 무언가 혹은 누군가에게 감사할 수 있는지 곰곰이 생각해보십시오. 만약 그렇다면 우선 이러한 감사함을 한껏 누려보는 겁니다. 이 순간 마음이 더없이 평안하고 넉넉해지는 것이 느껴집니까?

제가 말하고자 하는 것은 바로 이러한 모습의 감사하기입니다. 이런 모습의 감사하기는 억지로 얻을 수 있는 것이 아닙니다.

지금까지 살면서 깨달은 것은 아무리 힘든 일을 겪은 사람이라도 감사할 거리는 분명 있다는 것이었습니다.

예를 들어 당신이 할 수 있는 모든 일을 떠올려보세요. 그런 일들을 할 수 있다는 것은 결코 당연한 것이 아니었습니다. 당신이 그러한 능력을 갖추게 될 때까지 얼마나 많은 사람과 사물, 환경의 협조가 필요했는지 생각해보십시오. 그리고 당신의 몸이 얼마나 많은 기쁨을 주는지도요. 아름다운 것들을 볼 수 있고 마음껏 걷고 뛰고 춤출 수 있다는 것이 얼마나 기쁜 일인지, 생각할수록 점점 더 감사한 마음이 들 것입니다. 하지만 이런 생각에도 감사한 마음 대신 반발심만 치솟아 오른다면 거기에서 멈추십시오.

모든 일이 마음먹은 대로 되지 않는 것은 자연스러운 것이니 괘념치 마시구요.

# 자연

험난한 일을 많이 겪은 사람들이 사랑이라는 감정을 느끼고 사랑에 관한 생각을 가장 쉽게 할 수 있는 시간은 바로 자연과 함께할 때입니다. 이들은 자연에서 아름다움을 느끼고 자연에서 위로받습니다. 자연은 마음을 열 수 있도록 이들을 도와줍니다.

인간은 자연의 일부라서 자연 속에 있으면 마음이 치유됩니다. 자연에 있을 때 우리는 만물이 끊임없이 변화한다는 것을 깨닫게 됩니다. 그리고 태양 때문이든 비 혹은 바람 때문이든, 자연의 변화 때문에 너무나 감당하기 힘든 결과가 초래된다는 사실 또한 깨닫습니다.

매우 혹독한 자연현상이 존재하지만 이 또한 때가 되면 모두 지나간다는 깨달음, 그리고 훼손하지 않고 가만히 놔두면 다른 많은 것처럼 자연 또한 저절로 재생된다는 깨달음 또한 얻게 됩니다.

이러한 이유로 철학자 소로Henry David Thoreau는 날마다 충분한 시간을 내어 산책하고 자연의 변화를 느껴보라고 제안했습니다.

'처음 시작하는 사람의 마음'으로 주변을 주의 깊게 살피며 자연에서 매번 같은 길을 반복해서 걷다 보면 만물이 어떤 방식으로 끝없이 변화하는지 관찰할 수 있으며, 분주한 사람의 눈에는 보이지 않는 숨겨진 아름다움을 체험할 수 있습니다.

# 휴식

마음의 회복력이 강한 사람들은 자신에게 휴식을 허용할 줄 압니다. 이들은 아무것도 안 하고 쉬는 것이 얼마나 중요한지 알고 휴식을 누릴 수 있는 여건을 만듭니다.

자연을 자세히 관찰해보면 자연 또한 휴식을 취한다는 사실을 쉽사리 알 수 있습니다.

휴식을 취할 때는 정말로 아무것도 하지 말아야 합니다. 명상하거나 무언가 사소한 일을 하는 것조차 삼가며, 그저 휴식을 취하는 것이 전부여야 합니다.

아무것도 하지 말고 그냥 편안히 앉아 쉬세요.

이러한 휴식 취하기를 이미 '잘'할 수 있는 사람은 앞으로도 자주 이러한 시간을 보내세요. 당신은 이미 처음 몇 걸음을 내디뎠습니다.

휴식이 익숙하지 않은 사람이라 해도 지금껏 살면서 언젠가 한 번쯤 휴식을 취했던 경험은 분명 있을 것입니다. 그러니 언제 휴식을 취할지, 어떻게 그 시간을 보낼지 찬찬히 생각해보십시오. 어쩌면 의식하지는 못했더라도 잠깐이라도 하던 일을 멈추고 숨을 돌렸던 적이 있을 겁니다.

지금까지 단 한 번도 그런 적이 없었다면 첫 걸음을 내디뎌보세요. 지금 이 순간 휴식을 취해보는 겁니다. 읽던 책을 손에서 내려놓고 1분 정도 쉬어보세요.

이렇게 쉬고 나서 어떤 변화가 있는지 짚어보십시오. 가능하면 빠른 시일 안에 다시 시도해보고, 자주 휴식을 취하는 습관을 들여보세요.

몇 가지 주제를 계속 살피기에 앞서 우리도 지금 이 순간 잠깐 휴식해볼까요.

다 내려놓고 잠깐 멈춤

## Chapter 3

치료의
열쇠

이제 제가 특히 중요하게 생각하는 몇 가지 주제를 이야기하겠습니다. 이는 지금까지 그룹치료를 진행하는 동안 끊임없이 거론되었던 주제입니다. 수년간 그룹치료를 진행하면서 눈에 띈 사실이라면, 그것은 바로 환자들이 특히 자주 언급하는 특정 주제가 몇 가지 있다는 점입니다.

이는 모두 매우 광범위한 것으로, 다양한 방식으로 바라보고 접근할 수 있는 것들입니다. 여기서는 마음의 회복력과 자기치유능력의 강화라는 관점에서 다루어보겠습니다. 책의 앞부분에서처럼 여기에서도 다만 주제에 관해 몇 가지 제안만 하겠습니다. 따라서 이를 어떻게 활용할 수 있을지 살피고 적용하는 것은 온전히 당신의 몫입니다.

제가 제안하고 추천하는 사항들은 당연히 치료를 대신할 수는 없습니다. 현재 두려움이나 우울함, 신경증 등을 지니고 있는 경우라면 전문의의 도움을 받는 것이 바람직합니다. 때로는 일정 기간 동안 약을 복용하는 것이 다시 평상시처럼 명확하게 사고하는 데 커다란 도움이 됩니다. 또한 심리치료사의 도움을 받아 자기의 병을 깊이 이해하는 것도 매우 중요하고 필요한 일일 수 있습니다.

다음의 주제와 관련해서도 첫 걸음을 내딛는 것이 중요합니다. 첫 걸음을 떼는 순간 당신의 여행은 새로운 분야에서 시작될 것입니다.

**좋은 토대 마련하기**: 우선 '마음의 회복력', '건강의 기원', '몰입'이라는 개념들이 어떤 뜻인지 간단히 설명하겠습니다. 이 개념들은 당신의 문제를 해결해줄 해법을 내포하고 있기 때문입니다.

## 마음의 회복력

마음의 회복력<sup>Resilienz</sup>이라는 개념은 '튀어서 되돌아오다'라는 뜻의 라틴어 '레질레레<sup>resilere</sup>'와 어원적으로 연관 있고, 우리가 본디 건강했던 상태로 되돌아가는 것(혹은 되돌아갈 수 있음)을 의미합니다.

마음의 회복력을 연구한 학자들은 특히 남달리 힘든 역경을 겪었음에도 불구하고 건강하고 만족스러운 삶을 살았던 사람들을 대상으로 연구를 진행했습니다.

책의 앞부분에서 이미 마음의 회복력에 중요한 영향을 미치는 요인들을 소개한 바 있지만, 여기에서 다시 한 번 요약해봅니다.

마음의 회복력이 강하다는 것은 시종일관 '최상의 상태'를 유지한다는 의미가 아니라, 힘든 상황에서도 (좀 더) 좋은 기분을 되찾기 위해 필요한 힘을 끊임없이 활성화할 수 있다는 의미입니다.

이들은 힘든 일이 있어도 그 일에 완전히 압도되거나 오랫동안 영향을 받지 않습니다. 또한 이들은 자신의 상태를 개선시킬 방법을 끊임없이 모색할 마음가짐을 갖고 있지요.

마음의 회복력을 키우려 한다면 자신이 마음껏 행복하게 지내도 된다고 선언하십시오. 행복을 누릴 자격이 없다고 확신하는 한, 자신에게서 무언가를 변화시키기는 어렵습니다. 이에 대해서는 이미 앞에서 이야기한 바 있습니다. 되돌아가서 핵심어들을 다시 한 번 읽고, 수록돼 있는 여러 연습법 중 어떤 방법이 특히 유용했는지 살펴보십시오. 마음의 회복력을 증진하기 위해 앞에서 다룬 여러 방법들을 실천해보세요.

# 건강의 기원

'건강의 기원'이라는 개념은 '마음의 회복력'과 의미가 유사합니다. 안토노브스키가 처음으로 집단치료를 진행한 대상은 '홀로코스트'라 불리는, 나치 정권이 설치한 강제수용소에서 살아남은 사람들이었습니다. 안토노브스키를 비롯한 학자들은 강제수용소에서 극한의 고난을 겪고 살아남은 여성들을 치료하는 과정에서 이들이 놀라울 정도로 건강하다는 사실을 발견합니다.

안토로브스키 박사는 이 여성들이 삶에 대해 남다른 '일관성'을 확보했다는 사실을 확인했습니다. 그에 따르면 세 가지 의미가 있습니다.

1. 개인은 내·외적 세계에서 요구하는 것들을 체계적이며 예

측과 이해가 가능한 것으로 체험합니다. 이 때문에 개인은 (삶이 개인에게 요구하는 것들을) 충분히 이해할 수 있는 것으로 느낍니다.

2. 이 세상에는 각자에게 주어진 도전을 이겨내기 위해 필요한 충분한 자원이 존재합니다. 이 때문에 개인은 삶을 충분히 관리할 만한 것으로 느낍니다.

3. 개인은 세상이 요구하는 바를 열정적으로 참여할 만한 가치 있는 도전으로 정의합니다. 이 때문에 개인은 삶을 의미 있는 것으로 느낍니다.

이와 같은 '일관성'을 지니려면 인생에서 삶의 토대가 되며 의미 있는 일이라 생각되는 것에 의식적으로 집중해야 합니다.

환자들을 진료하다 주목하게 된 사실이 하나 있습니다. 그것은 바로 삶을 무의미하다고 여기면서 그런 생각이 본인에게 치명적인 영향을 미친다는 것을 전혀 의식하지 못하는 환자들이 많다는 것이었습니다. 이와 관련하여 '생각의 틀 의식하기' 부분을 다시 한 번 떠올려봅니다.

건강해지고 싶고 건강을 유지하고 싶은 마음이 있다면 건강한 생각을 하는 것이 중요합니다. 이때 '건강'이란 육체적·정신적·심리적으로 시종일관 건강한 상태를 말하는 것이 아니라, 병들고 힘든 상태에서도 주저앉지 않고 건강과 질환의 상태를 계속 오가는 것을 가리킵니다.

이 대목에서 '건강한 환자'라는 말을 다시 한 번 상기시켜야 겠습니다. '건강한 환자'란 힘든 일을 겪거나 심지어 병에 걸린 상태에서도 끊임없이 인생의 기쁨을 찾고 다시 용기를 내는 사람들입니다. 어떤 사람들에게는 이것이 '저절로' 가능하지만, 어떤 사람들은 의식적으로 연습해야만 합니다.

**⤷ 잠시 멈추고 돌아보기**

지금껏 한편으로는 힘겨웠지만 다른 한편으로는 충분히 납득했고 분명한 의미가 있다고 느꼈으며, 심지어 이로 인해 무언가를 극복했다는 성취감마저 느꼈던 순간이 있었는지 자문해보십시오.

당시 상황을 가능한 한 정확히 떠올려보고, 앞으로 어려운 일이 있을 때마다 이렇게 의식적으로 상기해봅니다.

# 몰입

몰입<sup>Flow</sup>이라는 단어는 무언가에 몰두하고 집중하여 깊은 만족감을 체험하는 것을 가리키며 '흐르는 물결 속에 존재하다', '하나가 되다'라는 의미입니다.

몰입은 지금 이 순간 하고 있는 것에 집중적으로 주의를 기울이는 것과 밀접한 관계가 있습니다. 이처럼 무언가에 몰입하는 순간에는 모든 두려움과 걱정이 사라지며 지금 이 순간 존재하는 것, 지금 이 순간 하고 있는 것과 하나가 됩니다.

자신을 진정 만족시키는 무언가를 함으로써, 다른 한편으로는 온 마음과 정신을 다해 마음과 이성이 같이 무언가를 함으로써 몰입에 필요한 여건을 의식적으로 마련할 수 있습니다. 이처럼 필요 여건이 충족될 경우 몰입 상태가 찾아올 수 있지만 이러한 상태는 원한다고 해서 마음대로 실현되지는 않습니다.

몰입에 관한 가장 대표적인 연구자로 미하이 칙센트미하이를 꼽을 수 있겠습니다. 제가 매우 흥미롭게 느낀 그의 이론 하나는 사람들이 여가활동을 할 때보다 스스로 만족감을 느끼는 일을 할 때 몰입 상태가 좀 더 쉽게 찾아온다는 것이었습니다. 그의 연구 결과에 따르면 상당히 많은 사람들이 일할 때 몰입 상태를 체험합니다. 이때 관건이 되는 것은 어떤 종류의 일을 하는가가 아니라, 어떤 방식으로 일하는가입니다. 그의 책에는 보통의 관점으로 볼 때는 그다지 흥미롭다고 여겨지지 않는 일, 예를 들면 하루 종일 샌드위치에 넣을 연어를 자르는 일 혹은 건초를 짊어지고 산을 내려오는 일을 하는 사람들에 관한 흥미로운 사례가 다수 수록되어 있습니다.

## ↩ 잠시 멈추고 돌아보기

당신은 자신의 일을 어떻게 생각하고 있습니까? 그 일 덕분에 가끔씩 기쁨을 느끼는지요?

자신이 지금 하고 있는 일에 좀 더 집중한다면, 예를 들어 다른 사람에게서 받는 칭찬 등의 '상'을 기대하지 않고 일 자체가 감사하다는 생각으로 일을 한다면, 좀 더 많은 기쁨을 느낄 수 있겠습니까?

어떤 일을 하면서 시험 삼아 마치 완전한 몰입 상태에 빠져 있는 것처럼 행동해보면 어떻겠는지요?

지금까지 살아오면서 일 말고 다른 상황에서 몰입을 체험한 적이 있었는지요? 앞으로도 그러한 몰입 상태를 좀 더 자주 경험할 수 있겠습니까?

Chapter 4

극복

이 장에서는
마음에 감기가 들었다고 느끼는 사람들에게
특히 요긴한 치료법들을 소개하겠습니다.

## 두려움을 극복하는 법

아무런 두려움 없이 이 세상을 사는 것이 가능할까요? 두려움이란 어떤 의미를 지니고 있다고 생각하는지요? 두려운 마음이 들면 당신은 무얼 하십니까?

두려움에 어떻게 대처하는 편인가요? 용기를 내고자 노력합니까? 위험에 맞서나요, 아니면 도망치나요? 혹은 미봉책만 내놓습니까? 이성을 잃고 어쩔 줄 몰라 하나요? 하던 일을 멈추고 숨을 고릅니까? 누군가에게 도움을 요청하나요?

두려움을 느낀다는 것은 인간인 우리로서는 극히 자연스러운 일입니다. 하지만 지나칠 정도로 두려움을 느끼는 사람도 많습니다. 인간은 다른 포유류와 마찬가지로 신체의 안전에 대한 두려움을 갖고 있습니다. 자신의 몸이 위협당하거나 파괴될까 두렵고 자신의 공간을 빼앗길까 두려워하며 영양이 부족할까

안절부절못하고 몸이 외부의 위험에 노출돼 보호받지 못할까봐 무서워합니다. 이러한 오만가지 두려움에서 완전히 벗어나려고 시도하는 것은 아무 소용없는 짓입니다.

하지만 우리 인간은 정말로 단순한 포유류에 불과할까요? 아니면 인간에게는 죽고 나서도 사라지지 않는 불멸의 부분이 있을까요?

이러한 생각은 '과학적으로' 입증할 수 없으므로 '헛소리'에 불과하다고 생각합니까? 혹은 이런 생각도 당신에게 도움이 된다고 생각하는지요?

수년 전 저는 이 주제에 관한 무척 흥미로운 책을 발견했습니다. 미국의 정신과 의사가 여러 종류의 두려움을 느끼는 여성 환자를 최면 요법을 통해 치료하는 과정을 다룬 책이었습니다. 최면 상태에서 환자는 자신이 '과거의 다른 삶'에서 체험한 두려운 일들을 이야기합니다.

대부분 목숨을 위협받았거나 죽음과 관련된 이야기였습니다. 최면 상태에서 환자는 죽음에 이를 때마다 죽음이 끝이 아니며 자신이 사랑과 빛이 가득한 세상에 다시 태어남을 알게 됩니다.

최면이 끝날 무렵 환자의 입을 통해 마침내 목소리가 등장해서는 의사에게 그녀를 비롯한 여러 환자들이 죽음의 두려움을 극복할 수 있도록 도와주라고 말합니다. 죽음을 두려워하는 사람들은 스스로 삶을 지옥으로 만들어버리니 이들을 도와주라는 것이었죠.

환생을 믿든 믿지 않든, 윤회를 믿는 문화권의 사람들이 유럽 문화권보다 죽음을 훨씬 덜 두려워한다는 것은 어쨌든 주목할 만한 사실입니다.

이 문제와 관련해 저는 어떤 것이 '진실인지' 단언할 수는 없습니다. 한 가지 제안하는 것은 다음과 같은 생각 놀이를 해보라는 것입니다. 삶과 죽음에 대해 여러 선택권이 있다고 상상해보세요. 죽음은 사랑과 빛이 가득한 세상으로 가기 위한 통과의례인데, 아직 무언가 할 일이 있거나 더 경험하고 싶은 것이 있으면 다시 이 세상으로 돌아올 수 있다고 상상해봅니다. 이런 생각 놀이를 해보니 어떤 기분이 듭니까? 기쁜가요? 영감을 얻은 것같이 느껴지나요? 아니면 불쾌한 기분이 듭니까?

> 내 영혼의 성전에서 들려오는 목소리를 여러 번 들었다. 그 목소리는 깊은 시름에 빠진 내게 기쁨을 주고 새로운 삶과 희망을 품을 수 있게 한다.
> – 프리드리히 횔덜린

당신도 이와 같이 '당신의 성전'에서 들려오는 목소리에 귀 기울여보고, 그 목소리가 무슨 이야기를 하는지 잘 들어보십시오.

인간이란 때가 되면 죽을 수밖에 없는 운명을 지닌 유한한 존재라는 사실을 받아들이는 것은 마음의 회복력을 강화시키는 중요한 요소이자 두려움에 맞서는 중요한 수단입니다. 앞의 책 덕분에 저는 죽음의 두려움을 조금이라도 덜어주려는 의사의 행위가 사람들이 한결 평안한 삶을 살도록 기여한다는 걸 깨달을 수 있었습니다.

지난 수 세기 동안 죽음은 일상적이고 자연스러운 현상으로 받아들여졌습니다. 이와 관련해 마티아스 클라우디우스Matthias Claudius는 아들에게 '매일이 마치 너의 마지막 날인 것처럼 살아라'라는 말을 남겼습니다.

사랑하는 가족을 일찍 여의고 많은 역경을 이겨낸 바흐는 마음의 회복력이 매우 강했던 것 같습니다. 그는 동시대의 다른 많은 이들처럼 죽음을 놓고 많은 생각을 했습니다.

바흐의 음악을 좋아한다면 그가 죽음을 주제로 쓴 칸타타 몇 곡에 귀 기울여보시죠. 예를 들어 매우 젊은 시절에 작곡한 유명한 칸타타 〈비극〉을 들어보는 것도 좋겠습니다.

제 경우에는 두려움이 몰려올 때 바흐를 듣거나 다음과 같이 생각하며 차분한 시간을 보내면 많은 도움이 되곤 합니다.

↩ **잠시 멈추고 돌아보기**

앞으로 살날이 1년 혹은 심지어 한 달, 아니면 하루라면 어떤 기분이 들까요?

그렇다면 어떤 것이 중요해질까요? 여전히 이런저런 걱정을 하고, 이런저런 두려움을 느낄까요?

어떤 사람들이 중요할까요? 정말로 중요한 사람들과만 지낸다면 나의 두려움에는 어떤 변화가 있을까요?

내 삶은 좀 더 수월해질까요?

인간이라는 존재가 본래 유한하다는 사실을 인정하면 우리의 생각은 완전히 달라집니다. 당신 역시 이러한 사실을 분명히 인식할 수 있을 거예요. 인간의 유한성을 인정하면 생각은 좀 더 명확해지며, 생각이 명확해지면 두려움이 줄어듭니다. 불교에서는 명확한 사고를 지혜의 발로라고 간주합니다.

두려울 때마다 당신이 존재하는 현재의 이 순간을 끊임없이 의식하는 것도 도움이 됩니다. 두려움은 대부분 과거 혹은 과거가 투영된 미래와 연관이 있습니다. 온전히 현재만을 의식하고 현재 이 순간 아무 위협이 존재하지 않는다면 결국 두려움을 느낄 이유가 없는 것이지요.

저의 많은 환자들에 따르면 현재에 온전히 집중하는 것은 두려움을 극복하고 안정을 찾는 매우 유용하고 실질적인 방법입니다. 이 대목에서 앞에서 이야기한 바 있는 처음 시작하는 자의 자세 혹은 애쓰지 않기를 떠올려보십시오. 매 순간을 온전히 받아들이고 아무것도 기대하지 않으면 어떤 것에도 매이지 않고 자유로워지며 두려움은 사라집니다.

이 밖에도 공포와 두려움을 구별하는 것 또한 두려움에 대처하는 좋은 방법입니다. 공포는 특정 대상이 있는 반면 두려움은 그 대상이 막연합니다. 공포는 사람들로 하여금 위험을 인식하게 해주고 위험에 맞서 싸우거나 도망가는 등 위험 대상에 반응하도록 만들어줍니다. 반면 두려움은 자신을 보호해줄 무언가를 찾아 나서거나 타인을 정성껏 돌보는 일에 집중함으로써 자신이 처한 상황을 잊을 수 있도록 만듭니다.

또 하나 분명히 알아야 할 것은 생각하고 상상하는 것에 몸이 직접적으로 반응한다는 점입니다. 무언가 두려운 대상을 생각하면 몸에서 아드레날린이 과다 분비될 확률이 커지며, 당신은 이를 스트레스로 인식하게 돼 두려움이라는 감정이 실제로 활성화될 수 있습니다. 바로 이런 이유에서 자기 생각을 항상 정확히 인식하는 것이 중요합니다. 생각의 틀을 주의 깊게 관찰하면 두려움을 불러일으키는 생각에서 점점 더 자유로워질 수 있습니다.

당신에게는 무언가를 집중 관찰하는 능력이 있다는 사실을 상기하십시오. 이러한 능력을 활용함으로써 당신이 두려움을 불러일으키거나 강화하는 어떤 생각을 품고 있는지 명확히 파악할 수 있습니다.

누구나 자신에게 익숙한 행동을 반복하는 경향이 있습니다. 예를 들어 어릴 때 많이 두려웠다거나 두려움을 이겨내도록 주위에서 도움을 받지 못했다면, 어렸을 때 두려워했던 것을 성인이 되어서도 습관적으로 계속 두려워할 수 있습니다. 즉 성인이 된 지금 당신에게는 어릴 때와는 달리 두려움을 불러일으켰던 자극에 반응할 여러 방법이 있는데도 여전히 어렸을 때와 동일한 반응을 보이는 것입니다.

따라서 이제 두려움이 느껴지면 항상 스스로에게 지금은 어떤 상황이지? 지금 내가 두려워할 이유가 있어? 하고 질문하는 겁니다.

만약 외적인 이유가 존재하지 않는다면 그 이유는 분명 당신 내면에 있는 것입니다.

두려워해야 할 외적 이유가 존재한다면 자신을 보호할 어떤 방도가 있는지 살펴보십시오. 혹 두려움이 당신에게 무언가를 변화시키라고 경고하는 것은 아닐까요? 이런 경우 때로는 우선 해당 상황과 거리를 두고 거기에서 벗어나는 것이 바람직할 수 있습니다.

바로 여기에서 어른과 어린아이의 근본적인 차이가 드러납니다. 즉 어른은 마음만 먹으면 그 상황을 떠날 수 있습니다(귄터 슈미트가 말한 대로 옛것을 떠나보내는 사람의 양손은 비어 있으므로 무언가 새로운 것을 잡을 수가 있는 것이지요).

두려울 때는 자신의 몸을 움직일 수 있도록 해보세요.

두려움은 마치 좁은 곳에 갇힌 것 같은 느낌이 들게 합니다. 따라서 이러한 순간 몸을 조금 움직이는 것만으로도 우리가 움

직일 공간이 있다는 사실을 알 수 있습니다. 두려움을 잘 타는 사람들은 이를 본능적으로 알기에 두려움이 느껴질 때마다 몸을 움직입니다. 이 외에도 몸을 움직여주면 아드레날린의 분비가 감소됩니다. 여러 연구 결과에 따르면 두려움을 줄이기 위해 고안된 운동 프로그램은 두려움과 우울을 감소시키는 효과가 있는 것으로 나타났습니다.

이러한 운동의 치유 능력을 직접 경험해보십시오.

두려움은 많은 요인과 연관돼 있으며 불안과도 관련 있습니다. 이 세상에 사는 동안 완벽하게 안전할 수는 없지만 상대적으로 안전하게 보호받고 있다고 느낄 만한 여건은 만들 수 있습니다.

### ↪ 잠시 멈추고 돌아보기

어떤 것, 어떤 생각, 어떤 행동이 당신에게 안정감을 주는지 살펴보십시오.

당신에게 안정을 느끼게 하는 사물이나 애완동물과 함께 있으면 마음이 편안해지는지요?

아니면 고요한 풍경 등 마음을 진정시켜주는 것을 상상하거나 주문을 외우거나 기도를 하면 편안해집니까?

산책하는 것처럼 마음을 편안하게 만들어주는 행동이 있습니까?

마음을 진정시키고 안정을 가져다주는 행동이 있다면 이를 자주 행하십시오. 안전과 관련하여 당신의 뇌를 훈련시켜야 합니다.

객관적으로 볼 때 두려워할 아무 이유가 없는 경우, 지금 너는 안전해, 지금 너는 안전해, 그렇게 자주 되새길수록 두려움을 관장하는 뇌의 영역이 덜 활성화됩니다.

당신이 직접 만들어낸 습관적 의식이 당신 마음을 안정시키는 데 도움이 되는지도 살펴봅니다. 예를 들어 매일 아침 마음을 진정시켜주는 생각이나 명상, 노래 부르기, 마음 가다듬기 등이 도움이 될 수 있습니다.

이 대목에서 이야기하고자 하는 것은 우리 인간에게는 누구나 하나 이상의 '자아'가 내재한다는 사실입니다. 예를 들어 페터 헤르틀링Peter Härtling은《사는 법 배우기》에서 현재의 늙은 남자의 자아와 어린아이의 자아를 구분합니다. 혹은 여류화가 프리다 칼로Frida Kahlo의 그림을 들여다보거나 그녀의 삶을 연구해보면 그림에 항상 두 개의 자아가 공존함을 발견하게 되지요.

내면에는 과거의 내가 일정한 방식으로 계속 살고 있습니다. 두려움으로 떨면서 상처받은 자아가 건강해지기를 원하며 도움을 원하고 있지요. 이런 관점으로 볼 때 우리를 엄습하는 두려움은 완전히 다른 시각으로도 설명할 수 있습니다. 즉, 어린 자아가 관심을 끌기 위해 두려움을 이용하는 것으로 해석할 수도 있는 것입니다. 이제 어린 자아가 끝없이 두려워하고 슬퍼하기를 멈추려고 어른이 된 자아에게 도움을 요청하는 것이지요.

현재 시점에서 아무 근거가 없는 두려움은 항상 '어린 자아'

와 연관이 있습니다. 시선을 주지 않고 돌보지 않을수록 어린 자아는 자기 존재를 좀 더 분명히 부각시키려 합니다. 책의 앞부분에서 '내면의 어린아이'를 진정시키는 방법에 대해서는 언급한 바 있습니다.

아무리 두려움이 강하더라도 당신은 당신의 두려움보다 훨씬 강한 존재입니다.

두려움이나 다른 불편한 감정이 압도하는 경우, 당신은 현재 당신의 상황보다 훨씬 강한 존재임을 상기하십시오.

이러한 경우 다음과 같은 연습법을 실천해보면 도움이 될 수 있습니다.

편안한 감정이든 불편한 감정이든 현재 감정 상태를 깨닫고, '나는 현재 내 감정보다 훨씬 강한 존재'라는 사실을 떠올려봅니다. 이를 실천해보고 나서 마음이 평안해지는지 살펴보세요.

이 연습법이 유용하다고 판단되면 자주 실천하십시오.

# 좌절에서 벗어나는 법

여기서는 의도적으로 '우울'이 아닌 '좌절'에 대해 이야기하겠습니다. 저는 우울을 일종의 질병으로 간주하고 있기 때문입니다. 우울증이 있는 사람들은 전문가의 도움을 받아야 합니다.

누구나 때로 좌절은 느끼기 마련이지만 어떤 사람들은 거의 지속적으로 좌절감을 품고 있으며 이 때문에 자신과 주위 사람들을 힘들게 만듭니다.

만일 당신이 자주 좌절감을 느낀다면 다시 한 번 이 책의 1장을 읽어보십시오. 그러면 좌절 때문에 힘들어하는 사람을 위한 유익한 조언을 많이 얻게 될 것입니다.

좌절을 겪은 사람들은 비관적인 생각에서 벗어나지 못합니다. 낙관적인 생각은 연습을 통해 습득이 가능합니다. 이때 무엇보다 중요한 것은 자신이 무슨 생각을 하고 있는지를 스스로 점검해보는 것입니다. 이 경우 앞쪽에서 소개한 생각의 틀 점검 방법을 활용할 수 있습니다. 이 밖에도 마틴 셀리그만이 인터넷 사이트 www.authentichappiness.org와 책《비관주의는 키스를 받지 못한다》에서 제안한 여러 방법들도 생각의 틀을 점검하는 데 도움이 될 것입니다. 제가 보기에는 '무얼 하든 아무 소용없어. 내가 하는 일은 항상 되는 게 없으니까……'라는 식의 일반화에서 벗어나 현실을 올바르게 파악하는 것이 가장 중요합니다. 현실에서는 때로 성공하고 때로는 실패도 하며 때로는 나쁜 날도 있지만, 분명 때로 좋은 날도 있다는 것을 정확히 파악해야 합니다.

자신을 주의 깊게 관찰하는 연습을 하십시오. 우리는 누구나 끊임없이 변화합니다. 내 기분이 시시각각 변하는 것을 정확히 감지해봅니다. 나를 기쁘게 하는 소소한 일들이 무엇인지 찾아봅니다. 하루 중 일정 시간은 소소한 기쁨에 집중하고, 다른 일정한 시간 동안만 슬퍼하며 탄식하자고 자신과 약속합니다.

기분이 가라앉아 있을 때 몸을 움직이면 대부분은 기분이 나아집니다. 규칙적으로 운동해보세요. 산책이나 수영, 자전거 등 가장 마음에 내키는 운동을 규칙적으로 하는 겁니다.

제 경험에 비추어보면 좌절을 극복하는 첫 걸음은 낙관주의와 희망을 내 것으로 삼아보겠다는 마음을 의식적으로 품는 것입니다.

행복을 얻으려면 다소의 수고가 필요하지만 행복을 자주 체험할수록 수고는 점점 줄어듭니다.

좌절이라는 주제와 관련해 마지막으로 이렇게 말하고 싶습니다. 이 세상에는 좌절할 이유가 충분히 넘쳐나지만, 내가 좌절한다 해서 이 세상이 더 나아지거나 더 아름다워지지는 않는답니다.

당신은 당신의 좌절감보다 훨씬 강한 존재라는 사실 또한 잊지 마세요.

# 분노를 다스리는 법

분노를 다스리는 법은 환자들이 특별히 자주 질문했던 주제입니다.

분노에는 두 가지 유형이 있습니다. 그중 하나는 순수한 분노인데 이는 우리가 '저리 썩 꺼져!'라는 메시지를 전달하려 할 때 마음에서 생겨나는 감정입니다. 이러한 분노를 느끼고 노련하게 표현하는 것은 매우 건강한 반응이며 중요한 부분입니다. 이러한 분노는 좌절감을 극복하는 데에도 도움이 됩니다.

문제는 또 다른 형태의 분노인데, 이는 매우 불편한 다른 감정에서 자신을 보호하는 역할을 합니다. 다시 말해 이러한 분노는 특히 무력감과 슬픔이 마음에 들어오지 않도록 차단함으로써 자신을 보호하는 것이지요. 하지만 이러한 분노를 마음에 품는 것은 절대적으로 바람직하지 않습니다. 이런 분노를 품고 있는 동안에는 당신의 진짜 감정과 접할 수 없기 때문입니다.

## ⮌ 잠시 멈추고 돌아보기

하루 혹은 며칠 동안 당신의 분노를 관찰하면서 앞서 살펴본 두 가지 중 어떤 형태의 분노인지 자신에게 물어보십시오. 누군가가 당신에게서 '멀찌감치 꺼져버리길' 원하고 있나요? 누군가가 당신을 건드리지 않고, 당신에게 가까이 오지 않았으면 좋겠습니까? 혹은 마음속 또 다른 무력감 혹은 슬픔이 분노를 치밀어 오르도록 만들고 있나요?

오늘날 우리는 자기감정을 인식하고 수용하는 것, 즉 감정을 밀어내지 않는 것이 중요하다고 인식합니다. 하지만 최근의 연구 결과에 따르면 '분노를 분출하는 것' 또한 바람직하지 않다고 합니다.

해당 분야의 연구 결과들에 따르면, 자주 화내고 분노하는 사람들은 심혈관계 질환의 발병률이 높고 상대적으로 수명이 줄어들며 지나친 화와 분노는 인간관계에 해를 끼치는 것으로 나옵니다. 실제로 사이좋은 부부를 다투도록 만들고 몇 시간 후 스트레스지수를 측정하니 그 수치가 극심하게 상승했다 하네요. 지나치게 화를 내면 우리 몸의 면역체계가 약화됩니다. 과거에는 환자들에게 말 그대로 분노를 부추기는 심리치료사들도 많았습니다. 또한 분노를 '분출하지' 않는 사람은 정신적으로 문제가 있다고 여겼습니다. 하지만 오늘날에는 이를 바라보는 시각이 많이 달라졌습니다.

마음속 분노를 최대한 일찍 감지하고 의식하도록 노력하고, 사회적으로 용인되는 방식으로 분노를 표출할 방법이 있는지 살펴보십시오. 명상가 틱낫한은 분노의 근원을 정확히 파악하고 이를 '포용해야' 한다고 말합니다. 이를 실천하는 방법은 분노를 밖으로 분출함으로써 타인에게 피해를 주는 것이 아니라 내면으로 시선을 돌려 자신을 정확히 인식하는 것입니다.

고함을 치며 찻잔을 벽에 내던지는 것과 '이런저런 것들이 나를 분노하게 만드는구나, 그러니 해결 방법을 찾아보자'라고 말하는 것은 엄연히 다릅니다.

당신의 분노가 당신의 무력감과 슬픔 혹은 두려움을 느끼지 않도록 방어한 결과물이라면 지속적인 해결책은 하나뿐입니다. 그것은 바로 마음속에 이미 자리 잡은 당신의 진짜 감정을 온전히 인정하는 것이지요.

우리는 자신의 무력감을 현실보다 과장된 상태로 지각하는 경향이 있습니다.

이와 관련하여 마틴 셀리그만이 '자신과의 논쟁'이라 부르는 방법을 실천해볼까요. 마치 누군가와 대화하듯 당신 자신과 이야기하면서 이렇게 물어봅니다. '지금 이토록 무력감을 느끼는 이유는 정말 뭘까? 이 무력감에서 벗어나 무언가 행동을 취하려면 어떻게 해야 할까? 누구에게 도움을 구해야 하지?'

이를 실천하다 보면 얼마 지나지 않아 무력과 분노를 느끼는 횟수가 이전보다 훨씬 줄어들었음을 감지할 수 있을 것입니다.

이는 슬픔과 두려움의 경우에도 마찬가지입니다. 인정하지 않으려 했던 불편한 감정을 막상 정확히 인식하고 나면 마음이 훨씬 편해집니다.

불편한 감정으로 마음이 힘들 때면 의식적으로 이것 또한 지나가리라고 생각하십시오.

시점을 먼 곳에 두고 한 걸음 떨어져 자신을 바라보는 겁니다. 그토록 흥분하고 그토록 분노하며 그토록 무력해지는 것이 과연 합당한 것인지를.

분노를 비롯한 불편한 감정이 드는 이유는 성인으로서의 문제인 경우보다 '내면에 있는 어린아이'가 자신의 존재를 알리려 하기 때문인 경우가 많습니다. 이에 관해서는 뒤에서 다시 한 번 다루겠습니다.

## ↩ 잠시 멈추고 돌아보기

지난 며칠 동안을 돌아보십시오. 얼마나 자주 화났고 지쳤으며 짜증났고 속이 터질 것 같았습니까? 그때마다 어떤 반응을 보였는지요?

아무렇지 않은 척하며 지냈나요? 아니면 그러한 감정을 감지조차 못했습니까? 다른 누군가에게 책임을 돌렸나요? 자신에게 참으라고 강요했나요?

혹은 이러한 감정을 제대로 인식하고 사회적으로 용인되는 방식으로 표현했습니까?

이제 유머 감각을 발휘하여 이를 시도해봅시다.

# 유머 감각을 키우는 방법

유머는 대부분 마음의 긴장과 고통을 완화시키는 최고의 치료
제이므로 이 대목에서 함께 얘기해볼까 합니다.

과거에 저는 스스로를 재미없는 사람이라고 여겼습니다. 그
렇기에 지금 유머란 학습 가능한 것이라고 자신 있게 말할 수
있답니다. 물론 학습한다고 해서 유머의 귀재가 되지는 않겠지
만 이전보다 유머가 풍부해지는 것은 충분히 가능합니다.

유머 감각을 갖추고 있으면 모든 일이 한결 수월해집니다. 특
히 화가 치밀어 오를 때 유머를 발휘하면 화가 절정까지 치닫
는 상황을 막을 수 있습니다.

화를 돋우는 일이 생겼을 때 그것이 다른 사람의 일이라고
생각해보십시오. 혹은 앞에서 언급한 바와 같이 당신은 실험하
러 지구에 온 우주인이며 이 모든 상황은 실험을 위해 처음 경

험해보는 것으로 상상해봅니다. 혹은 혀를 아랫입술과 아래쪽 앞니 사이에 넣고 '우물우물하다'라고 말해보는 겁니다. 어때요? 미소가 지어지거나 웃음이 터져 나오지 않았는지요?

이처럼 유머는 당신으로 하여금 지금 상황에서 한 발자국 물러나 커다란 소리로 웃을 수 있도록 만들어줍니다. 유머를 활용해보십시오. 그리고 유머 넘치는 사람들과 함께 어울리세요. 그러면 삶의 색채가 달라질 것입니다.

## 갈등을 해결하는 법

정신적으로 문제가 있는 사람들 대다수가 갈등을 잘 다루기만 하면 전혀 갈등 없는 삶을 살 수 있으리라고 생각합니다. 하지만 갈등은 어찌 보면 우리 삶에 소금과 같은 존재입니다. 우리가 다른 이들과 마찰을 일으키는 이유는 바로 이러한 갈등이 생겨서거든요. 그러므로 갈등은 우리를 성장하게 해줍니다.

갈등을 삶의 일부로 여기고 받아들이면 갈등의 위력도 줄어듭니다.

다만 갈등을 해결할 준비는 되어 있지 않은 채로 끊임없이 갈등 속에 뛰어드는 사람을 일컬어 '갈등에 잘 맞선다'고 말하는 것은 과장이며, 이는 다른 많은 관점처럼 더 이상 쓸모없는 해묵은 관점입니다.

이와는 반대로 특히 여성의 경우 모든 갈등을 덮어버리고 얼버무리는 경우가 많은데, 이 또한 갈등과 잘 맞서는 태도는 아닙니다.

갈등을 해결하기 위해 중요한 것은 나 자신 그리고 타인과 끊임없이 협상할 마음을 품는 것입니다. 갈등 해결에 가장 도움이 되는 것은 자신과 타인에 대한 관심과 호기심입니다. 왜 나 자신 혹은 타인들이 지금의 이 모습으로 살고 있는지, 왜 이렇게 생각하고 행동하는지 진심으로 관심을 가지면 지금까지는 갈등의 원인이던 것이 그 사람에게 흥미를 느끼는 계기가 되기도 합니다.

마음의 회복력이 강한 사람들은 이 세상에는 갈등이 존재한다는 사실을 순순히 받아들이고 해법을 찾을 자세가 되어 있으며, 상황에 따라 자기 뜻을 굽히고 양보할 능력을 갖춘 이들입니다. 뿐만 아니라 멈추고 내려놓고 떠나야 할 시점 역시 알고 있습니다.

갈등 상황에 대처하는 데 있어 유머 감각은 지대한 도움을 줍니다.

## ⮌ 잠시 멈추고 돌아보기

지난 수일간 어떤 갈등을 겪었는지 돌아보십시오. 당신은 그 갈등에 어떻게 대처했습니까?

갈등 상황과 대면했을 때, 그것을 자신을 좀 더 성장시킬 수 있는 계기로 여기고 반겼나요? 혹은 그러한 상황을 마음속에서부터 거부했는지요? 몸을 낮춰 상황에 순응했나요, 아니면 마음속 분노를 표출했나요? 당신 자신과 그리고 갈등 대상과 협상할 마음가짐이 되어 있었습니까?

이제 이렇게 첫 걸음을 내디려보면 어떨까요? 당신이 처한 갈등 상황을 분명히 파악한 후 친절하지만 확실하게 자기 의견을 피력하면서도 상대방 의견을 존중해주는 당신 모습을 상상해봅니다.

이렇게 해보니 어떤 기분이 드나요?

## 이별하고 내려놓기

무언가를 내려놓으려면 우선 그것을 손에 쥐고 있었다는 전제가 필요합니다. 얼마 전부터 '내려놓기'는 모든 사람들이 서로 권하는 유행어가 되어버렸습니다. 이때 흔히 간과하는 사실이 있는데, 그것은 바로 지금껏 아무것도 손에 쥔 적이 없기에 내려놓을 것 또한 없다는 점입니다.

따라서 중요한 것은 우선 '내가 하려는 것과 필요한 것은 무엇이며, 지금까지 한 번도 손에 쥔 적 없는 것은 무엇이며, 이를 얻을 수 있는 방법은 무엇인지'를 확인하는 것입니다.

내려놓기와 관련해 저는 선의를 지닌 사람들이 타인이 현재 무얼 움켜쥐고 있는지 정확히 파악하지도 못한 상태에서 성급하게 내려놓기를 권하는 모습을 많이 보았습니다. 당사자가 무엇에 집착하고 있는지, 혹은 그에게 아직 미처 못한 일이 남아 있는지의 여부는 타인이 알 수도 없고 추측할 수도 없습니다.

내려놓기란 어떤 일이나 사람에게서 헤어나지 못하고 집착함으로써 당사자가 정신적으로나 육체적으로 고통받는 경우에 해당하는 것입니다.

제 경험에 비춰보면 내려놓기란 단순히 '하루아침에 실천할' 수 없으며, 우리가 할 수 있는 일이라곤 단지 내려놓기를 수월하게 만들어줄 여건을 마련하는 것뿐입니다. 이러한 여건을 마련하는 것 중의 한 예는 스스로 신뢰하는 연습을 하는 것입니다. 신뢰가 두텁게 형성되어 있을수록 내려놓기를 실천하기가 수월합니다. 여기에서 말하는 신뢰란 삶에 대한 신뢰입니다. 삶 자체가 의미 있는 일이라는 신뢰, 그리고 나는 이러한 의미 있는 삶을 꾸려갈 수 있다는 신뢰를 의미합니다. 이와 관련해 앞에서 이야기한 안토노브스키의 삶에 대한 일관성을 떠올려볼까요. 이를 확신할수록 당신은 무언가 혹은 누군가를 내려놓고 놓아주기를 훨씬 덜 두려워하게 될 것입니다.

당신의 자존감을 강화하십시오. 건강한 자존감을 갖는 것 또한 어떤 사물이나 사람에 집착하지 않는 중요한 전제 조건입니다. 자존감이 낮은 사람은 어떤 사물이나 사람을 배제한 자신은 아무 쓸모가 없는 존재라고 생각하니까요.

이제 당신은 무언가를 내려놓기 위해서는 많은 전제 조건이 필요하다는 것을 알았습니다. 이 책에서 내려놓기와 연관된 장을 읽고 권장 사항을 실천하다 보면, 내려놓기가 훨씬 수월하게 느껴지는 순간이 올 것입니다. 또한 내려놓기를 조금씩 자주 실천하다 보면 시간이 갈수록 훨씬 수월해집니다.

제 환자들은 이별할 때가 되면 헤르만 헤세의 시 〈단계〉를 자주 언급했습니다. 해당 시에는 '마음이여, 이별을 고하고 건강하여라'라는 구절이 나옵니다.

이별을 두려워하는 많은 이들은 이별이 우리에게 새로운 것을 가져다준다는 사실을 간과합니다. 하지만 이별이 지나가면 새로운 시작이 주어진답니다.

## ↪ 잠시 멈추고 돌아보기

각 계절을 주의 깊게 관찰하고 자연의 모든 것이 끊임없이 변화하는 모습을 의식해봅니다. 그리고 이 모든 변화가 얼마나 커다란 아름다움을 불러일으키는지 온 몸으로 느껴보십시오.

한 알의 씨앗이 땅에 떨어지고 나서, 즉 땅위에 '내려놓아지고' 나서 한동안 마치 '모든 것이 끝나버린' 것같이 보이다가 다시 봄이 되고 새롭게 싹이 트고 잎이 자라기 시작하는 모습을 상상해보십시오. 만물의 무상함에 슬픈 마음이 들면 마음껏 슬퍼하십시오.

지금까지 살면서 무언가 혹은 누군가와 이별했던 기억이 있나요? 이별 후 무엇이 당신에게 새로운 것을 가져다주었습니까? 이별 후 새로운 것이 시작되었을 때 어떤 기분이 들었는지요? 당신은 그런 경험 덕분에 성장했습니까? 이별의 슬픔에도 불구하고 무언가 새로운 것이 시작될 거라는 기대를 품은 적이 있나요? 혹은 당신이 내려놓고 떠나온 무언가가 잘 마무리되었다고 느낀 적은요? 크고 작은 일을 마무리 지으려 노력하십시오. 그러면 이별하고 내려놓는 것이 한결 수월해질 것입니다.

# 상실의 슬픔에서 빠져나오는 법

상실로 인한 슬픔과 애도는 환자들과의 상담치료 중에 자주 언급하는 주제입니다.

우리 문화권에서는 상실로 인한 슬픔을 달랠 수 있는 시간적·공간적 여유가 충분하지 않습니다. 우리는 사랑하는 이를 잃고 나서는 지나치게 빨리 마음을 추스르며, 상실로 괴로워하는 모습을 남들에게 보여주지 않으려 하지요.

얼마 전 〈우는 낙타 이야기〉라는 영화를 매우 감명 깊게 보았습니다. 영화를 보면서 슬퍼할 수 있다는 것은 우리에게 주어진 원초적인 본능이며 이는 다른 포유동물과 인간의 공통점이라는 사실을 깨달았지요. 영화의 줄거리를 간략하게 정리하면 극심한 난산難產 뒤에 새끼 낙타를 거부하는 어미 낙타의 이야기였습니다. 결국 사람들은 어미 낙타의 마음을 달래기 위해 낙타의 배에 현악기를 묶어줍니다. 어미 낙타는 바람의 영향으로 소리가 나는 악기의 소리를 듣고 나서야 애절한 '노래를 부르며' 울기 시작합니다. 그러고 난 후 마침내 새끼 낙타에게 곁을 허락했습니다.

독자 여러분에게도 이 영화를 권하고 싶습니다. 영화 속에는 낙타를 키우며 사는 몽고인들의 순박한 삶과 자연과의 일체감이 잘 담겨 있고, 그 삶에는 우리가 배울 점이 매우 많다고 생각하기 때문입니다.

감정을 북돋워주는 음악을 들으면 '눈물을 흘릴 정도로' 감동받는데 이는 매우 바람직합니다. 이처럼 마음속에 갇혀 있던 감정이 눈물을 통해 밖으로 흘러나오면 마음은 한결 가벼워집니다.

대부분의 경우 눈물은 갑갑하던 마음을 시원하게 만들어줍니다.

하지만 마음껏 눈물을 흘리며 우는 것과 오랫동안 슬픔에 빠져 있는 것은 별개의 일입니다.

저의 많은 환자들은 하루 중 일정 시간을 정해 마음껏 슬퍼한 후 다시 일상으로 돌아가라는 제안이 도움이 되었다고 말합니다. 이러한 제안을 실천해본 많은 이들은 지금까지 한 번도 '제대로' 슬퍼하지 못한 채 슬픔을 외면하고 지내왔다는 사실을 깨달은 것이죠. 하지만 이들의 슬픔은 여전히 마음속에 남아 있습니다. 따라서 저는 충분히 슬퍼하기는 하되, 하루 종일 슬

품에 잠겨 있지는 말라고 권하고 싶습니다.

가까운 사람이 세상을 떠나는 심각한 상실을 겪은 후라면 힘든 마음을 달래기 위해 혼자만의 시간을 보내는 것이 필요합니다. 과거에는 이를 '추모의 해'라고 불렀는데 제 생각에 이는 현대 사회에서도 여전히 유용한 개념입니다.

개인적으로 고인을 애도하는 의식을 해보십시오. 예컨대 과거에 상을 당한 사람들은 검정색 옷을 입었는데 이는 상중이라는 표시이자 상을 당한 이를 보호하는 역할도 했습니다. 이러한 예는 시대에 뒤떨어진 것일 수도 있지만, 자신에게 적합한 개인적 의식을 찾아 애도를 표현하는 것은 바람직합니다.

설사 이제는 충분히 슬퍼하고 애도했다는 기분이 들더라도 고인과 연결된 모든 것을 내려놓는 의식을 마쳐야 슬픔에서 벗어나는 데 도움이 됩니다.

애도할 시간이 충분하지 않으면 떠난 사람을 놓아주기가 매우 어렵습니다. 어떤 면에서 애도는 내려놓기 위한 과정이기도 합니다.

이러한 의식의 첫 걸음은 당신에게 슬퍼하고 애도할 이유가 충분하다는 것을 인정하는 것입니다. 이때 자신을 존중하고 공감하는 태도는 슬픔에서 벗어나는 데 도움이 됩니다.

↰ **잠시 멈추고 돌아보기**

지금까지 살면서 사랑하는 이를 떠나보내야 했던 상황을 떠올려봅니다. 그런 힘든 상황을 어떻게 극복했는지요? 당신은 울 수 있었습니까? 자신의 아픔을 표현할 수 있었나요? 곁에서 힘이 되어준 사람은 있었고요?

이제 자신을 안아준다고 상상해보십시오. 현재의 당신이 슬픔에 빠진 과거의 당신을 꼭 안아주는 것입니다. 이제, 기분이 어떻습니까?

## 탄식을 소망으로 바꾸는 방법

정신적 고통이든 육체적 고통이든 온갖 고통에서 벗어나기 위해 가장 중요한 것은 우선 고통의 존재를 인정하는 것입니다. 그러므로 당신의 탄식과 고통과 걱정거리를 종이에 적은 다음, 마치 예루살렘에 있는 '통곡의 벽' 같은 당신만의 장소를 마련해 당신의 탄식을 그곳에 내려놓고 오십시오. 예를 들어 집 안에 특별한 장소를 정하거나, 정원의 나무 아래 탄식 종이를 묻거나, 흐르는 시냇물에 종이를 떠내려 보낼 수 있습니다. 분명 마음에 드는 방법이 떠오를 거예요.

그리고 가능하다면 당신의 탄식과 고통을 주관하는 높은 차원의 의지가 존재한다고 믿어봅니다.

그리고 나서 모든 탄식을 소망으로 바꿉니다. 모든 탄식의 뒤에는 소망이 숨겨져 있기 마련입니다. 다시 말해서 당신의 탄식 뒤에 숨은 모든 소망을 종이에 하나하나 적어서 4주 동안 날마다 소리 내어 읽어보세요. 그런 다음 앞에서처럼 마음에 드는 의식을 이용해 소망 종이를 어딘가에 놓아둔 뒤, 어떤 변화가 생기는지 관찰해봅니다.

**↩ 잠시 멈추고 돌아보기**

이러한 의식이 당신에게 어떠한 영향을 미치는 것 같습니까?
이것으로 마음이 편안해졌다면 필요할 때마다 이 의식을 반복하십시오.

## 자존감을 높이는 법

심리적 문제를 지닌 사람은 대체로 자존감이 낮습니다. 따라서 자존감 높이기를 우선적으로 해보는 것은 의미가 있습니다.

이런 사람에게 가장 먼저 해주고 싶은 말은, 당신은 자기 가치를 입증할 필요가 전혀 없으며 지금 모습 그대로 더없이 소중한 존재라는 것입니다. 능력을 발휘함으로써 자신의 가치를 입증하려고 시도하는 한, 진정 지속적으로 건강한 자존감을 키워 나갈 수 없습니다. 그렇다고 해서 뛰어난 능력을 발휘하고 만족스러워하는 것이 잘못됐다는 얘기는 아닙니다. 단지 진정한 자존감은 뛰어난 능력을 갖춤으로써 생기는 것이 아니라, 삶이 나 자신을 원한다고 믿을 때 형성된다는 점을 강조하고 싶습니다. 삶이 우리를 원하지 않았다면 우리는 지금 이 세상에 존재하지 않았을 것입니다.

이러한 생각으로 첫 걸음을 내디뎠다면 이제 다음 단계를 향해 나아가볼까요. 그것은 바로, 살면서 힘에 부칠 때 힘든 일을 이겨내고 계속 존재하겠다는 강력한 의지를 다지는 것입니다. 삶에 대한 의지가 강하다는 사실은 당신이 살 가치가 있는 소중한 존재임을 보여주는 '증거'이기도 합니다.

거부당했던 상처가 있는 사람들은 '누구도 너를 원하지 않아'라는 주위 사람들의 말을 그대로 수용함으로써 자신을 거부합니다. 이렇게 행동하는 한 자존감은 절대로 개선될 수 없습니다.

### 연습

이 경우 가장 먼저 내디뎌야 할 중요한 첫 걸음은 당신 자신을 끊임없이 환영하는 것입니다.

예를 들어 당신이 지금 막 이 세상에 태어났다고 상상한 후, 자신의 존재를 기뻐하고 감사하는 파티를 여는 상상을 하거나 실제로 파티를 열어보세요.

저와 함께 이 연습을 실천했던 환자들은 얼마 지나지 않아 자존감이 향상되었다고 말했습니다.

이 외에 자신의 '약점'을 한 번쯤 이처럼 강점으로 바라보는 방법도 추천할 만합니다.

저는 그룹치료를 진행하며 환자들과 함께 약점 이면에 숨어 있는 강점을 다음과 같이 찾아냈습니다.

조바심 = 속도감, 효율성, 에너지

우월감 = 리더십, 관철력

예민함 = 자신과 세상에 공감하는 능력

좌충우돌적 성향 = 솔직히 거절하고 선을 긋는 능력

불안함과 의심 = 신중함

우유부단함 = 여러 가능성에 대한 열린 마음

의존성 = 친근감과 결속력을 조성하는 능력

소심 = 자신과 타인에게 보호가 필요함을 인식하는 능력

과도한 비판 = 상황을 정확히 바라보는 능력

까다로움 = 분위기에 휩쓸리지 않고 단호하게 거절하고 자발성을 유지하는 능력

오지랖 = 활발하고 많은 문제에 참여하며 열성적으로 사는 능력

이 중 한 가지 특성이 약점인지 혹은 강점인지를 결정하는 사람은 누구입니까?

당신이 이 중 한 가지를 삶에 어떻게 적용할지를 결정하는 사람은 누구인가요?

# 선을 더 잘 긋는 법

자신을 소중히 여기지 않는 사람은 대체로 타인과의 관계에서 선을 긋기를 어려워합니다. 다른 모든 이들이 자신보다 더 뛰어나다고 여겨, 사람들이 자기를 상대로 무엇이든 맘대로 행동할 권리가 있다고 생각하기 때문이지요.

그러한 당신에게 가장 먼저 당부하는 것은, 모든 인간은 동등하게 가치 있는 존재라는 사실을 머릿속에 분명히 새기라는 것입니다. 우리는 모두 각자의 믿음에 따라 저마다 하나님의 자녀이거나 삶 또는 부처의 자녀인, 더없이 소중한 존재인 것입니다.

당신이 자신을 남보다 덜 중요한 사람, 덜 가치 있는 사람으로 여기는 한, 타인과의 관계에서 분명히 선을 긋기란 쉽지 않습니다. 스스로의 가치를 인정하는 것과 선을 긋는 것은 직접 연결된 문제여서 자신의 가치를 진정으로 깨닫고 인정하면 어떤 상황에서건 선 긋기가 훨씬 수월해집니다.

환자들을 상대로 '선 긋기'를 연습시킬 때 가장 효과적이었던 방법은 앞서 얘기한 필리스 크리스탈의 연습법입니다. 즉, 각자 원형의 빛 안에 서 있으면서 그 빛은 나를 보호하고 타인과 경계를 지어준다고 상상하는 방법입니다. 이에 따르면 본인뿐만 아니라 모든 사람들이 이러한 원형의 빛의 보호를 받습니다. 다시 말해 타인들 또한 마찬가지로 보호를 받으므로 나는 타인에게 끊임없이 신경 쓸 필요가 없으며, 그러므로 내가 분명히 선을 긋는다고 해서 타인에게 피해를 주는 것이 아니라는 것이지요. 남과의 관계에서 선 긋기를 힘들어하는 사람들이 가장 우려하는 것은 바로 자기 때문에 남이 상처를 입는 것입니다. 이들은 선을 그음으로써 자신이 남에게 상처를 준다는 생각을 놓지 못합니다.

애정 어린 태도로 선을 긋는데 왜 상처를 입겠습니까? 물론 타인이 기대하는 바가 나와 다르기 때문에 그들의 기대에 어긋날 수는 있습니다. 하지만 내가 선을 그어서 그가 상처 입는다고 생각하는 것은 대부분 쓸데없이 과장된 생각일 뿐입니다. 이 문제와 관련해서도 앞에서 얘기한 바와 같이 '자신과의 논쟁'을 해보면 도움이 될 것입니다. 타인이 상처받을 거라는 생각에 무언가를 하지 못하고 주저하게 될 때, 정말로 이것 때문에 그가 상처를 받겠느냐고 자신에게 물어보십시오. 당신이 마음먹고 선을 긋는 것은 어찌 보면 당신과 상대방 둘 다에게 일종의 기회가 될 수도 있습니다.

또한 이러한 상황에 처했을 때 당신이 느끼는 감정은 무엇인지 솔직히 살펴보세요. 정도의 차이는 있지만 선 긋기를 힘들어하는 사람들은 대부분 자신이 타인에게 이용당한다는 느낌에 기분이 나쁩니다. 타인과 거리 두는 것이 두려워 내키지 않는 일도 억지로 하는 것이 남들과 조화롭게 살기 위한 토대라고 생각하나요? 자신을 떠나버릴까 두려운 마음에, 많은 사람들은 남이 자기를 받아들여주는지의 여부에 지나치게 신경 쓰지 않으려고 의도적으로 노력합니다.

남과 조화롭게 살기 위해 해야 할 일은 단 한 번도 거절하지 않는 것이 아니라, 어떻게 하면 내면에 존재하는 어린아이, 즉 미성숙한 자아가 성숙하도록 도울 수 있을지 적절한 방법을 고민하는 것입니다. 어쩌면 '내가 거절하지 않으면 그가 나를 받아들여줄 거야'라는 생각을 아예 머릿속에서 없애버리는 편이 도움이 될 것입니다.

나도 이제는 성인이며, 만일의 경우 곁에 아무도 없어도 혼자 잘살 수 있다는 사실을 스스로에게 각인시키기 위해서는 얼마간의 용기가 필요합니다.

이 밖에도 인간은 어차피 함께 어울려 살 수밖에 없는 존재이므로 이를 위해 특별히 애쓸 필요가 없다는 경험 또한 제게는 도움이 되었습니다. 다른 사람과 분리되는 경험을 하면 타인과 어울리는 것이 얼마나 소중한지 깨닫게 됩니다. 또한 경우에 따라서는 타인에게서 자신을 분리해야 할 때도 있는데, 이처럼 다른 이들과 분리된 상태를 소중히 여길 줄 알게 되면 타인과의 관계에서 분명히 선을 긋고 거절하는 것 또한 수월해집니다.

### ⤷ 잠시 멈추고 돌아보기

지금까지 살아오며 타인과의 관계에서 분명하게 선을 그었던 상황을 떠올려봅니다. 어떻게 그것을 실행할 수 있었나요? 마음은 있었지만 실천하지 못했던 다른 때와 비교할 때 무엇이 달랐습니까? 성공적으로 실천한 경우를 교훈 삼아 다른 상황에도 적용할 수 있겠는지요?

당신은 이미 첫 걸음을 성공적으로 내디뎠으니 앞으로도 계속 시도해보는 겁니다. 혹은 앞서 언급했듯이 당신은 실험차 지구에 왔으며 타인과 떨어져 혼자서 지내는 것 또한 그 일환이라고 상상해보면 어떨까요?

# 고통에 대처하는 법

살면서 힘겨운 일을 많이 겪은 사람들, 특히 엄청난 가혹 행위를 당한 사람들은 대부분 심한 육체적 고통을 겪습니다(물론 육체적 고통에는 다른 원인들도 있습니다). 일반적으로 정신은 힘든 기억을 피해 다른 쪽으로 주의를 돌리기 수월하지만, 몸은 정신보다 자신이 겪은 일을 더 잘 기억합니다.

당신의 몸을 신뢰하고 믿으십시오. 육체는 거짓말을 하지 않습니다. 단, 고통에 대한 기억은 우리가 원하지 않아도 독자적으로 형성되기가 쉽습니다. 따라서 몸이 고통을 느낄 때 그 고통이 기억 속에 각인되는 것을 막기 위해서는 때로는 조기에 진통제를 먹는 것도 바람직한 방법일 수 있습니다.

고통이 느껴질 때 '이건 진짜 고통이 아니라 내가 고통이 있다고 상상하는 것뿐이야'라는 생각에서 벗어나십시오. 그보다

는 '지금 이 고통은 나의 내면에 있는 무엇과 연관된 걸까?' 하
고 묻는 편이 더 좋습니다. 어쩌면 '과거의 자아' 일부가 시선을
끌려고 고통을 일으키는 건 아닌지 생각해보십시오.

다음에 설명하는 방법대로 '과거의 자아'에게 시선을 돌리고
집중해봅니다.

이로써 당신의 고통에 분명한 의미가 있음을 인정하고 자기
자신과 싸우는 행위를 중단하세요. 그것만으로도 당신의 몸과
마음은 한결 편안해질 것입니다.

어떤 사람들에게는 의식적으로 자신의 고통을 이야기하는
시간을 갖는 것이 도움이 되기도 합니다.

### ↪ 잠시 멈추고 돌아보기

어떤 상황에서 고통이 나타나고 약해지거나 강해지는지 정확히
관찰해봅니다. 정신적 부담과 고통의 발생 사이에 어떤 상관관계
가 있나요?

혹은 당신의 기분과는 아무런 관계없이 고통이 찾아오나요? 고통
이 나타나기 바로 전, 당신은 무슨 생각을 하고 있었습니까? 무언
가 특정한 것을 기대했을 때 고통이 찾아왔나요?

당신의 신체에서 고통 없는 부분, 심지어 아주 안락하게 느껴지
는 부분에 주기적으로 한 번씩 집중해보십시오. 실천해보니 당신
의 전반적인 상태에 어떤 영향이 있었습니까? 무언가 바뀐 게 있
었나요?

## 내면의 어린아이를 돕는 방법

지금까지 다뤄온 거의 모든 문제들은 '내면의 어린아이'와 연관되어 있습니다. 그러므로 이 대목에서 내면의 어린아이를 대하는 방법을 좀 더 이야기해보겠습니다.

어렸을 때 무언가에 상처를 입거나 끔찍한 일을 겪으면 우리 내면에는 그런 힘든 일을 겪은 어린아이가 계속 살게 됩니다. 언젠가 우리 자신에게 보살핌을 받고 모든 것이 '좋아지는' 날이 오기를 기다리듯, 이 어린아이는 우리의 내면에 살고 있는 것이지요.

사람들은 만사가 순조롭게 매듭지어져 끝나길 기대합니다. 내면의 아이는 더욱 그러하답니다.

당신이 비교적 행복한 유년기를 보냈고 정신적으로 힘든 경험은 단지 몇 번에 그친 경우라면, 과거의 자아를 떠올리고 자아와 함께 우호적인 분위기에서 이야기하는 것이 그다지 어렵진 않을 것입니다. 내면에 있는 어린아이의 심정을 이해하고 사랑하며 지켜주겠다고 말하세요. 이때 앞서 이야기한 방법을 활용하면 많은 도움이 됩니다. 즉, 내면의 아이가 편안하게 여길 수 있는 안전한 가상의 장소로 데려가는 상상입니다. 이러한 상상은 이미 많은 사람들에게 유효했습니다.

반면 힘든 유년기를 보냈다면 이렇게 상상하는 것 자체가 쉽지 않을 수 있습니다. 이 경우에는 인내하면서 당신의 자아에게 친절히 대하십시오. 그리고 앞의 경우처럼 상상할 수 있도록 외부의 도움을 받고 어려움을 극복하는 겁니다.

가능하다면 어린 시절에 행복하다고 느꼈던 상황을 떠올리는 것부터 시작합니다. 우선 당신 내면에 존재하는 행복한 아이와 접촉하고 나면 내면의 불행한 아이와 만나기가 다소 수월해질 것입니다.

내면에 존재하는 어린아이에게는 애정 어린 관심과 인내가 필요합니다. 이 아이와 만나는 것이 필생의 과업일 수 있다는 사실을 미처 깨닫지 못하는 사람들이 많습니다.

이 아이와의 만남은 생텍쥐페리 작품 속의 어린 왕자와 여우의 만남과도 같습니다. 어린 왕자는 여우와 친해지기 위해 날마다 같은 시간에 여우를 찾아옵니다. 당신도 변함없는 믿음직한 태도를 보여 내면의 아이가 당신에게 친근감을 느끼도록 하십시오. 그러면 분명 아이는 당신을 고마워할 것입니다.

그리고 마침내 당신은 자신의 능력, 즉 마음의 회복력을 키우고 이를 습관화하게 될 것입니다.

당신이 삶이라는 여정을 계속하는 동안 많은 기쁨을 누리길 진심으로 바랍니다.

# 감사의 말

린다우에서 열린 '2003 심리치료주간' 행사에서 외상 후 스트레스 장애를 주제로 강연한 후, 헤르더 출판사의 카린 발터[Karin Walter] 박사가 책을 써보자는 제안을 주셨습니다. 집필을 제안하고 작업 내내 용기를 북돋워주었을 뿐 아니라 함께해준 그에게 감사의 말을 전합니다. 책을 쓴다는 것은 제게 커다란 기쁨이었습니다. 이 책을 쓰며 심리치료에서 소홀히 여겨 온 마음의 회복력과 몰입에 대해 심도 있는 연구를 병행하며 많은 영감과 자극을 받았습니다.

책을 쓰는 동안 무언가에 집중한다는 것이 얼마나 사람을 활기차고 생기 있게 만들어주는지 재차 경험했고, 새로운 것을 배우고 발견하는 것이 얼마나 기분 좋은 일인지도 다시 한 번 깨달았습니다. 그런 마음으로 끊임없이 새로운 땅에 첫 걸음을 내딛도록 모든 독자 여러분께 용기를 드리고 싶습니다. 새로운 것을 행하고 새로운 경험에 마음을 열면 마음의 회복력은 강해집니다.

이런 책은 누군가의 삶 전체를 양분으로 삼아 탄생합니다. 저의 경험이 당신의 삶에 자극이 되고 용기를 준다면 더없이 기쁘겠지만 그렇다 해서 제 경험이 당신의 경험을 대신해줄 수는 없습니다. 그러니 끊임없이 새로운 경험을 향해 첫 걸음을 내디뎌볼 것을 당부합니다.

이 지면을 빌려 개인적으로 많은 생각을 하도록 자극을 준 사람들, 그리고 책으로 영감을 불어넣어준 모든 이들에게 감사의 말을 전합니다.

그중에서도 최근에 많은 감흥을 준 작품으로 다비드 세르방 슈레베르David Servan Schreiber의《감정의 새로운 의학》과 마틴 셀리그만의《행복요인》을 들겠습니다. 특히 자신의 경험을 더없이 솔직하게 이야기해준 셀리그만에게 감사합니다. 그와 마찬가지로 저 또한 수십 년간 질병과 질병의 유발 조건을 연구하는 것만으로 만족했던 사람입니다. 하지만 인간을 행복하게 만들어주는 것에 대한 연구가 인간을 불행하게 만드는 것을 연구하는 것 이상으로 흥미롭다는 사실을 알게 된 덕분에 제 사고의 폭은 한층 넓어졌습니다.

이 책을 집필하면서 몰두했던 다른 것들 또한 책의 내용에 많은 영향을 주었습니다. 그중에서도 특히 바흐의 칸타타는 삶의 모순과 이율배반을 논쟁하려는 모든 이들에게 마치 보물 창고와도 같았습니다. 바흐의 작품은 우리로 하여금 마음껏 슬퍼하고 마음껏 기뻐하도록 해줍니다. 제게 있어 바흐는 항상 동행하며 위로하고 용기를 주는 형제 같습니다. 바흐에게 진심으로 감사합니다.

영화 〈우는 낙타 이야기〉를 제작한 이들과 이 영화를 추천해준 친구에게도 특별히 감사를 드립니다.

또한 빌레펠트 병원에서 저를 믿고 따라준 환자들에게도 감사의 말을 전하고 싶습니다.

마지막으로 이번에도 넓은 마음으로 지지하고 격려해준 가족과 친구들에게 감사합니다. 그리고 이 모든 이들을 만나게 해준 내 삶에 진심으로 감사한 마음을 전합니다.

# 참고 문헌

Mihail Czikszentmihalyi: Flow im Beruf. Stuttgart 2004

Dalai Lama: Der Weg zum Glück. Freiburg im Breisgau 2003

Thich Nhat Hanh: Lächle deinem eigenen Herzen zu. Wege zu einem

achtsamen Leben. Freiburg im Breisgau 2003

Jon Kabat Zinn: Im Alltag Ruhe finden.

Das umfassende Meditationsprogramm. Freiburg im Breisgau 2003

Verena Kast: Trotz allem Ich. Freiburg im Breisgau 2003

Stefan Klein: Die Glücksformel oder Wie die guten Gefühle entstehen.

Reinbek 2002

Phyllis Krystal: Die inneren Fesseln sprengen. München 2003

Luise Reddemann: Imagination als heilsame Kraft. Stuttgart 2003

Luise Reddemann: Begegnung mit dem inneren Kind. Hör-CD,

Stuttgart 2004

Arthur Samuels u. Elisabeth Lukan: Im Einklang mit dem inneren Kind.

Freiburg im Breisgau 2003

Martin Seligman: Der Glücksfaktor. Bergisch Gladbach 2002

David Servan Schreiber: Die neue Medizin der Emotionen. München 2004

Susun Weed: HeilWeise, München 1990

Sylvia Wetzel: Leichter leben. Berlin 2002

Rose Ausländer, Dornen, aus: Rose Ausländer, Und preise die kühlende

Liebe der Luft. Gedichte 1983–1987. © S. Fischer Verlag GmbH,

Frankfurt am Main 1987, S. 88

Hilde Domin, Bau mir ein Haus, aus: Hilde Domin, Gesammelte Gedichte,

© S. Fischer Verlag GmbH, Frankfurt am Main 1987

Hilde Domin: Nicht müde werden, aus: Hilde Domin, Gesammelte

Gedichte, © S. Fischer Verlag GmbH, Frankfurt am Main 1987

Mascha Kaléko, Sozusagen grundlos vergnügt, aus: Mascha Kaléko,

In meinen Träumen läutet es Sturm, © 1977 Deutscher Taschenbuch

Verlag, München

Sabine Naegele: Segensgebet aus: Du hast mein Dunkel geteilt.

© 1984 Herder Verlag, Freiburg im Breisgau 2001 (Erstausgabe 1984)

옮긴이_ 박성원

이화여자대학교 독어독문학과를 졸업한 후, 한국외국어대학교 통역번역대학원에서 한독과 국제회의 동시통역을 전공했다. 독일문화원 주재 "외국인을 위한 독일어 디플롬" KDS 및 GDS를 받았으며 2005년 프랑크푸르트 국제도서전에서 〈한국의 책 100〉 번역자에 선정되었다.
옮긴 책으로 《내가 혼자 여행하는 이유》《마음의 오류》《모두가 열광하는 셀프 마케팅 기술》《리더십: 소크라테스부터 잭 웰치까지》《자유놀이의 시작》《지구는 왜 점점 더워질까》《아이의 영혼을 위한 가장 아름다운 이야기》《너에게 가장 소중한 친구가 되어줄게》《누가 바다를 훔쳐갔지》 등 다수가 있다.

마음의 감기

초판 1쇄 발행일 2015년 11월 30일
　　　3쇄 발행일 2016년 12월 20일

지은이 루이제 레더만
옮긴이 박성원
펴낸이 김현관
펴낸곳 율리시즈

디자인 Song디자인
본문일러스트 추덕영
종이 세종페이퍼
인쇄 및 제본 올인피앤비

주소 서울시 양천구 목4동 775-19 102호
전화 (02) 2655-0166/0167
팩스 (02) 2655-0168
E-mail ulyssesbook@naver.com
ISBN 978-89-98229-29-0 03180

등록 2010년 8월 23일 제2010-000046호

ⓒ 2015 율리시즈 KOREA

이 도서의 국립중앙도서관 출판시도서목록(CIP)은 서지정보유통지원시스템
홈페이지(http://seoji.nl.go.kr)와
국가자료공동목록시스템(http://www.nl.go.kr/kolisnet)에서
이용하실 수 있습니다.(CIP제어번호: CIP2015030756)

책값은 뒤표지에 있습니다.